KB269881

마흔,
고전에게 인생을
묻다

마흔, 고전에게 인생을 묻다

초판 1쇄 인쇄 2013년 4월 15일
초판 2쇄 발행 2013년 5월 15일

지은이 이경주, 우경임
펴낸이 김종길
책임편집 임현주
편집부 임현주, 이은지, 이경숙, 이송이, 홍다휘
디자인부 정현주, 박경은
마케팅부 김재룡, 박용철
홍보부 윤수연
관리부 이현아
펴낸 곳 글담출판사
출판등록 제7-186호
주소 (132-898) 서울시 도봉구 창4동 9번지 한국빌딩 7층
전화 (02)998-7030
팩스 (02)998-7924
이메일 bookmaster@geuldam.com
페이스북 www.facebook.com/geuldam4u

본문 사진 ⓒ shutterstock

ISBN 978-89-92814-63-8 13190
책값은 표지에 있습니다.
잘못된 책은 바꾸어 드립니다.

이 도서의 국립중앙도서관 출판시도서목록(CIP)은 e-CIP홈페이지(http://www.nl.go.kr/ecip)와 국가자료공동목록시스템(http://www.nl.go.kr/kolisnet)에서 이용하실 수 있습니다. (CIP 제어번호 : CIP2013002824)

글담에서는 참신한 발상, 따뜻한 시선을 가진 기획 아이디어와 원고를 기다리고 있습니다. 작품 혹은 기획안을 한글이나 MS Word 파일로 작성하여 이메일로 보내주시기 바랍니다. 출간 가능성이 있는 작품에 대해서 개별적으로 연락을 드립니다.

마흔,
고전에게 인생을 묻다

글담출판사

차례

1장
마흔,
고독이 필요한
시간

저 구름을 인생이라 치면 죽지 않고 반을 건너 왔으니 열 길 사람 속으로 흘러들 수 있겠다, 고 쓴다.
마흔, 잘 오셨다.
_함순례 詩 〈마흔을 기다렸다〉 중에서

2장
젊은 날의
화두에
말 걸기

10대나 30대 때는 40대가 되면 재미없고 뻔하고 세상에 궁금한 게 없을 줄 알았다. 하지만 몇 년 전 마흔 살을 지나며 여전히 세상이 궁금하고 내 인생이 불안해서 즐거웠다.
_영화감독 변영주 〈VOGUE〉와의 인터뷰에서

3장

흔들리고
흔들려야
마흔이다

가장 가슴 아픈 생일은 마흔이 되는 해였다. 그건 젊음과는 영원한 안녕, 안녕, 안녕이었다. 그러나, 누구든 그 나이를 지나게 되면, 마음속에서 자신을 막고 있던 모든 장벽이 부서지는 소리를 듣게 된다.

_노만 코윈(영화감독이자 작가)

4장

고전에게
미래를
묻다

자신이 살아야 할 이유와 보람을 찾는 일에 노력하는 사람은 늙지 않는다. 늙을 시간이 없다.

_가와기타 요시노리 『마흔 살의 철학』 중에서

삶의 가을 마흔
고전이 내게 왔다

한 명은 연수를 신청했다. 한 명을 휴직을 선택했다. 마침내 전속력으로 질주하던 삶에 브레이크를 걸었다. 제동 소리도 거칠었고 미끄러지기도 여러 번이었다. 속도를 줄이기조차 어려웠다. 멈췄다고 생각했지만 관성에 따라 다리는 움직였다.

익숙한 공간을 떠나 낯선 무대에 홀로 섰다.

인생에서 중요하다고 생각했던 가치들을 다시 평가했다. 그리고 스스로 되물었다.

'잘 살고 있는 거니?'

오래된 질문이었다.

치열한 경쟁 속에서 그저 외면했을 뿐이다.

 대학을 졸업하고 직장을 잡으면 고민거리가 없을 줄 알았다. 결혼을 하고 아이를 낳으면 존재에 대한 회의가 사라질 줄 알았다. 성취감이 주는 기쁨도 잠깐, 인생은 달라지지 않았다. 나이가 들수록 물음표는 늘고, 노여움은 커지고, 당당함은 사라졌다.

특별히 불행했던 것은 아니다. 그럭저럭 살만 했다. 꿈을 이루겠다고 다른 이를 제쳐가며 열심히 달렸다. 하지만 정작 꿈을 잃었다. 행복해지겠다고 열심히 일했는데 행복을 느낄 수 없게 됐다. 몸은 무거워지고 머리는 생기를 잃어갔다. 처음에는 모래알 크기만 하던 공허함이 점점 커졌다. 결국 곪아 터졌다. 해외여행을 떠나 보고, 비싼 옷도 사 입어보고, 학업을 계속했지만 미봉책이었다. 사춘기 이후에 공부 기술이나, 직업 기술을 통해 사회적 도구로 성장했을 뿐 정작 각자의 인생을 운전할 수 있는 주체적 인간으로 성장하지는 못했다.

 그럼에도 불구하고 우리 부부는 여전히 미숙했다. 인정하기 싫었지만 받아들여야 했다. 문제에 직면해 보니 인생을 성찰할 시간이 필요하다는 결론에 이르렀다. 삶이 꼬였다고 느껴지자 고전이 읽고 싶어졌다. 우리보다 앞서 인생을 성찰한 인생을 잘 살았다는 선인들의 지혜가 필요했다.

『행복의 정복』이 첫 도전이었다. 러셀은 우리 같은 이들을 불행하면서 불행을 자각하지 못하는 어이없는 사람이라고 진단했다. 그리고 휴식으로서 권태를 즐기라는 처방을 내렸다. 끊임없는 외부의 자극에서 자신을 해방시키는 시간을 갖는 것이 행복의 첫걸음이라고 했다. 고리타분한 선문

답 같던 글귀들은 구하는 이에게 다가와 반짝반짝 빛을 발했다.

 먼지 쌓인 글들이 오늘의 삶에 큰 영향을 미칠 수 있다는 데 동의했다. 수천 년, 수백 년, 수십 년 전에도 삶의 본질은 다르지 않았다. 대대로 이어져 내려온 고전은 남은 절반의 삶을 바꿀 수 있을 만큼 지혜로 가득했다.

눈이 가는대로 손이 가는대로 책을 읽었다. 『행복의 정복』이나 『소유냐 존재냐』는 인생의 정답이 담겨 있을 듯해서 선택한 책이다. 『데미안』, 『대지』, 『이방인』 같이 꼭 한 번 다시 읽고 싶었던 책도 있다. 『삼국지』를 읽으면 인생이라는 전장에서 승리할 비법을 배울 수 있을 것만 같았다. 『이기적 유전자』, 『불확실성의 시대』는 인간과 세상을 탐구하고 싶은 마음에서 읽기 시작했다. 『사기 열전』같이 주변에서 일독을 권한 책도 있다.

 '사람이 배우지 않으면 어둡고 어두운 밤길을 가는 것과 같다(人生不學如冥冥夜行)'라더니 우리에게 딱 들어맞는 명언이었다.

법조인이 되기 위해 법을 공부하고, 성악가가 되기 위해 음악을 배우고, 테니스 선수가 되기 위해 서브를 익힌다. 반면 인생 자체를 공부하거나, 삶을 대하는 자세를 단련하는 사람은 드물다. 대부분 주어진 인생을 당연하게 여긴다. 우리 역시 그랬다.

이 책은 '잘 살고 있는 거니?'라는 질문에 대해 고전을 읽으며 답을 찾는 과정을 기록한 것이다. 다음 과제는 실천이다. 수영교본을 읽는다고 수영

실력이 저절로 늘지 않는다.

이제는 잘 살아야 할 시간이다. 곧 일터로 돌아간다. 다시 달리기 시작한다. 그러나 앞만 보고 뛰지 않겠다. 단지 남보다 빨리 뛰기 위해 달리지 않겠다. 나만의 속도를 찾아 제대로 뛰겠다. 사랑하는 사람들과 손을 잡고 달리겠다.

전문적인 지식에 바탕을 두지 않은 만큼 부족함이 많은 글이다. 고전은 그 세월만큼 깊이도 대단해 '아는 만큼, 읽은 만큼 보인다.' 라는 말을 새삼 실감할 수 있었다. 우리보다 먼저 마흔 이후의 삶에 대해 치열하게 고민한 선배들이나 고전에 대해 해박한 지식을 갖춘 이들이 보면 미숙해 보일 것이다. 다만 이 책이 한 방향으로 쉼 없이 질주하는 고속도로가 아니라, 걸음이 절로 느려지는 오솔길로 우리처럼 마흔을 앞둔 이들을 인도할 수만 있다면 부끄러움을 감내할 수 있을 듯하다. 한 손에 고전을 들고 걷는 독자와 만난다면 더군다나 바랄 것이 없을 것이다.

2013년 4월

이경주 · 우경임

01

마흔,
고독이
필요한 시간

20대의 나와
화해하기

밀란 쿤데라, 「농담」

20대는 나에게 무척 힘든 시절이었다. 당시 나는 어서 빨리 20대가 지나가기를 바랐다. 서른이 되면, 마흔이 되면 지금의 고민은 더 이상 두통거리가 되지 않을 거라고 생각했다. 불투명한 것들이 서서히 투명해지고, 안정궤도에 올라서는 것이 나이 드는 것이라 여겼다. 하지만 어느 날 자고 일어났더니 어른이 되었다는 얘기처럼, 나는 마흔이 다 되어서도 여전히 스무 살에 했던 고민을 안고 있다. 젊음의 성숙한 모습이 마흔이라면 좋겠지만 대다수에게 마흔은 그저 젊음이 사라진 시기일 뿐이다.

"그럼 난 다시 20대로 돌아가고 싶은 것일까?"라는 질문을 한 적이 있었다. 그때 나는 '젊음'이란 단어를 떠올렸다.

젊음은 싱싱하고 통통 튄다. 주름과 잡티가 없는 뽀얀 피부, 언제라도 달릴 준비가 되어 있는 탱탱한 다리를 보고 있으면 부럽기까지 하다. 시답지 않은 농담에도 까르르 웃는 젊음은 스스로 빛난다. 그래서 은근히 질투가 난다. 반면에 젊음은 미숙하다. 지금 생각하면 도저히 이해할 수 없는 행동을 하고도 자신감이 넘쳤다. 소설 『농담』의 작가 밀란 쿤데라가 "젊음이 주인공일 때 역사는 끔찍했다."고 표현한 것처럼.

> 젊음이란 참혹한 것이다. 그것은 어린아이들이 그리스 비극 배우의 장화에, 다양한 무대 의상 차림을 하고, 무슨 말인지도 잘 모르면서, 광적으로 신봉하는 대사를 외워서 읊으며 누비고 다니는 그런 무대이다. 역사 또한, 미숙한 이들에게 너무도 자주 놀이터가 되어주는 이 역사 또한 끔찍한 것이다. 네로라는 풋내기, 나폴레옹이라는 애송이, 흥분하여 날뛰는 수많은 아이들의 놀이터가 되는 것이다. 그리고 이 아이들이 흉내 내는 열정이나 간단하게 맡아버린 역할들은 처참하도록 실제적인 형태로 변형되어 나타난다.

밀란 쿤데라의 젊음에 대한 생각에 동의한다. 이는 내가 20대로 돌아가고 싶지 않은 이유이기도 하다. 현재가 유별나게 행복한 것도 아니고, 나의 젊음이 남들보다 유달리 실수투성이였던 것도 아니다. 그저 내 젊음의 미숙함이 싫다. 그래서 못난 젊음이 흘러가는 것이 그다지 아쉽지 않다. 다만, 내 못난 젊음과 화해를 하고 싶을 뿐이다.

나처럼 지지리도 못난 루드빅

자기 자신과의 화해는 나에게 좀처럼 쉬운 일이 아니다. 사람이라면 누구나 마음속에서조차 발가벗은 자신과 마주하고 싶지 않는 '나'가 존재한다고 생각한다. 나 역시도 그렇다. 자신과 정면으로 마주해야만 화해도 가능한데, 자신을 제대로 쳐다보지 못하니, 화해 또한 어려울 수밖에 없다.

이유는 조금 다르지만 나와 같은 고민에 빠진 인물이 『농담』의 루드빅이다. 그는 여자친구 마르케타에게 엽서를 보냈다가 인생이 완전히 꼬여버린 남자다.

"낙관주의는 인류의 아편이다! 건전한 정신은 어리석음의 악취를 풍긴다. 트로츠키 만세!"

이것은 그의 진심이 아니었다. 재미삼아 던진 농담이었다. 너무도 진지하게 공산당 연수에 참여하는 여자친구를 그저 놀려주고 싶었을 따름이다. 그러나 안타깝게도 그가 살던 시대는 그의 말을 농담으로 받아들이지 못했다. 소설의 배경은 제2차 세계대전 직후 체코다. 당시 체코는 소련에 의해 해방됐고, 공산주의 정권이 들어섰다. 스탈린주의가 득세했고 정적이었던 트로츠키의 사상은 제거됐다.

결국 엽서에 적은 농담 때문에 루드빅은 공산당에서 제명되고 학교에서도 제적당한다. 그리고 군대에 강제 징집당해 광산에서 강제노역을 하면서 젊음을 날려버린다. 청춘을 잃어버린 루드빅이 복수를 위해 고향 모라비아를 찾는 날로부터 소설은 시작된다.

루드빅은 지난 15년간, 공개재판에서 자신을 제명시키는 데 앞장섰던 친구 제마넥을 증오하며 살았다. 루드빅의 계획은 제마넥의 아내인 헬레나의 몸과 마음을 빼앗아 그에게 복수하는 것이었다. 철저하게 계획한 루드빅의 복수는 당초 의도와 달리 우스꽝스럽게 끝난다. 루드빅은 헬레나를 유혹하는데 성공하지만 제마넥에게 상처를 주지는 못했다. 제마넥은 루드빅과 헬레나의 행복을 바랄 정도로 결혼 생활에 지쳐 있었다. 사상과 태도도 변했으며, 언제든지 루드빅에게 사과할 준비가 돼 있었다.

광산에서 강제노역을 하는 2년간 지독히 사랑했던 루치에도 매일 저녁마다 철조망 사이로 장미를 넣어주던 과거의 그녀가 아니었다.

사랑했던 루치에나 증오했던 제마넥이나 오직 루드빅의 기억 속에서만 존재할 뿐이었다. "마침내 잘못을 저지른 책임자로 색출해 낸 사람이 바로 나 자신이었다."는 루드빅의 독백처럼 오직 루드빅 자신만 15년 전의 사건에 매몰된 채 그 속에서 살고 있었다. 억울한 젊음은 시간과 함께 지워졌다. 수정할 방법도 없고 복수마저 허무하게 끝났다.

밀란 쿤데라는 인과응보나 인연 같은 단어로 애써 삶을 설명하려 하지 않는다. 그저 루드빅의 삶을 통해 농담처럼 이런 일들이 벌어지는 게 인생임을 보여줄 뿐이다. 15년이나 증오를 불태웠던 루드빅의 복수가 이렇게 우스꽝스럽게 끝날 줄 누가 알았겠는가!

인생의 중대한 순간은 한 번뿐 다시 돌아오지 않는다

우리 삶의 모든 중대한 순간은 단 한 번뿐, 다시 돌아오지 않는다. 이렇게 다시 돌아오지 못함을 완전히 알고 있어야만 인간은 인간일 수 있다. 속임수를 써서는 안 된다. 그런 것을 전혀 모르는 척해서도 안 된다. 현대인은 속임수를 쓴다. 그들은 다시 돌아오지 못할 중대한 순간들을 모두 교묘히 피해가려 하고, 그렇게 해서 아무것도 지불하지 않은 채 탄생의 순간에서 죽음까지 가려 한다.

우리는 작은 배신에도 오랫동안 복수심을 불태운다. 작은 실패에도 남의 탓을 하고, 작은 비난에도 분노한다. 알고 보면 작은 사건들은 스스로 저지른 실수로부터 시작됐다. 그리고 그 작은 사건이 인생의 행로를 바꾸는 갈림길이 되기도 한다. 하지만 우리는 작은 실수를 저지른 젊은 날이 중대한 순간이었음을 인정하지 못한다. 나의 젊음을 아예 부정할 수 없고, 지금 작게나마 이룬 것들을 무너뜨릴 수 없다. 오히려 복수나 비난 등으로 남에게 책임을 전가해 나를 지키고, 마음의 평안을 얻으려 한다.

그래서 복수는 결국 성공하지 못하는 것이다. 복수는 돌아갈 수 없는 내 인생의 중대한 순간에, 다름 아닌 젊은 내가 잘못된 판단을 했음을 계속해서 부정하는 작업이다. 스스로를 속이는 행위인 것이다. 복수를 안 하면 미칠 것 같지만, 복수를 해도 상황은 나아지지 않는다. 모든 것을 저지른 것은 '젊은 나'였고, 그 중대한 실수에 대해 책임을 지는 것은 '지금의 나'일 뿐이다. 내가 '젊은 나'와 화해를 하면 될 테지만, 그 힘겨운 성찰의 길을 걷기보다 우리는 '남의 탓'으로 돌리곤 한다.

그대로 두자, 그저 내일을 맞이하면 잊힌다

인생의 모든 일들을 전부 취소할 수 있다면 얼마나 좋을까! 하지만 그 일들

...

우리는 '젊은 나'와 쉽게 화해하지 못한다.
그 놈 때문에 이렇게 되었다고
젊은 나를 비난하거나 책임을 뒤집어씌운다.
마치 이제라도 수정할 수 있는 것처럼
'젊은 나'를 마음속으로 벌한다.

을 초래한 실수들이 내가 한 실수들이 아니라면 무슨 권리로 내가 그것을 취소할 수 있겠는가? 사실, 내 엽서의 농담이 심각하게 받아들여졌을 때, 잘못했던 사람은 누구인가? (…) 이런 실수들은 너무도 흔하고 일반적인 것이어서 세상의 이치 속에서 예외나 잘못도 될 수 없고 오히려 그 순리를 구성하는 것이었다. 그렇다면 누가 잘못한 것이란 말인가? 역사 자체가? 그 신성한, 합리적인 역사가? 그런데 왜 그런 실수들이 역사 탓이라고 해야만 할 것인가? 인간으로서의 나의 이성에만 그렇게 보일 뿐, 만일 역사가 자기 고유의 이성을 가지고 있다면, 무엇 때문에 그 이성이 인간들의 이해를 신경 쓸 것이며 여선생처럼 꼭 진지해야 하는가? 그리고 만일 역사가 장난을 한다면? 그 순간 나는, 나 자신이 그리고 내 인생 전체가 훨씬 더 광대하고 전적으로 철회 불가능한 농담(나를 넘어서는) 속에 포함되어 있는 이상, 나 자신의 농담을 완전히 무화시켜 버릴 수는 없다는 것을 깨달았다.

우리가 가장 되돌아가고 싶은 나이는 몇 살일까? 주변의 많은 사람들은 20대를 꼽는다. 그땐 모든 가능성이 열려 있었다. 인생 레이스의 '준비' 자세에서 '땅'하고 출발하는 시작점이었다. 인생의 중대한 갈림길에서 치명적인 실수를 했더라도 그것을 되돌릴 수 있었다. 공부를 포기하지 않았으면 좋았을 스물세 살, 떠나는 연인을 잡지 못했던 스물네 살, 아버지의 임종을 지키지 못했던 스물다섯 살 등 말이다. 우리는 가지 않은 길을 택했다면 더 나은 삶을 살고 있을지도 모른다.

그래서 우리는 '젊은 나'와 쉽게 화해하지 못한다. 그 놈 때문에 이렇게 되었다고 젊은 나를 비난하거나 책임을 뒤집어씌운다. 마치 이제라도 수정할 수 있는 것처럼 스스로를 괴롭히고는, '젊은 나'를 마음속으로 벌한다. 하지만 밀란 쿤데라는 개인사든, 역사든 수정되는 것이 아니라 잊히는 것이라고 말했다.

> 그렇다, 갑자기 모든 것이 선명하게 보였다. 대부분의 사람들은 두 가지 헛된 믿음에 빠져 있다. 기억(사람, 사물, 행위, 민족 등에 대한 기억)의 영속성에 대한 믿음과 (행위, 실수, 죄, 잘못 등을) 고쳐볼 수 있다는 가능성에 대한 믿음이 그것이다. 이것은 둘 다 마찬가지로 잘못된 믿음이다. 진실은 오히려 정반대이다. 모든 것은 잊히고 고쳐지는 것은 아무것도 없다. 무엇을 (복수에 의해서 그리고 용서에 의해서) 고친다는 일은 망각이 담당할 것이다. 그 누구도 이미 저질러진 잘못을 고치지 못하겠지만 모든 잘못이 잊힐 것이다.

루드빅은 자신의 억울한 젊은 시절을 어느 누구도 고치지 못하지만, 모든 잘못은 잊힐 거라며 자신의 삶을 받아들인다.

젊은 세대는 앞선 젊은 세대의 자리를 차지하며 역사는 굴러간다. 앞선 세대의 가치를 지우고 새로운 가치를 만들어낸다. 역사에 흔적이 남지 않는다는 점에서 일견 허무해 보이지만, 그렇기 때문에 우리는 또 용서받을 수가 있다. 미숙한 젊음에 대해 분노를 느낄 필요도 없다. 쿤데라가 젊음에 대해 "역사의 불한당들이 저지른 일들이 갑자기 그저 미숙아들의 무시무시한 소동으로 밖에 보이지 않으면서 그들에 대하여 역설적인 너그러움 같은 것"을 느끼게 되는 것이라고 말했듯이, 우리 세대의 흔적이 새로운 세대에 의해 사라지는 것을 아쉬워할 필요도 없다.

나의 젊음이 저질렀던 무모하고 창피하고 서투르고 미숙했던 모든 결정을, 그 때문에 달라져 있는 지금의 내 모습을 담담히 받아들여야 한다. 그것을 어떻게 바꾸려 해도 헛될 뿐이다. 우리는 젊음의 갈림길에서 가지 않은 길을 갔다면 다른 삶을 살았겠지만, 그 역시 시간이 가면 지워질 역사다. 그러고 보면 성숙함은 앞으로 다가올 중대한 순간에 '젊은 나'보다 좀 더 나은 결정을 내릴 수 있는 능력일지도 모른다. 과거는 그대로 두고, 새로 뜨는 태양을 담담히 맞이하는 것. 그것이 마흔이 가져야 할 성숙함이 아닐까.

작품 『농담 The Joke』
저자 밀란 쿤데라(Milan Kundera, 1929~)
고전 판본 방미경 번역, 민음사

1967년 작. 남미에 가브리엘 G. 마르케스, 러시아에 알렉산드르 솔제니친이 있다면 동유럽에는 밀란 쿤데라가 있다. 전체주의 사회가 개인의 삶을 어떻게 파괴하는지를 꿰뚫어본 그의 통찰력은 독자들의 보편적인 공감을 이끌어냈다. 청년 시절 공산주의에 투신했으나 회의를 느끼고 1968년 '프라하의 봄'에도 참여했다. 구 소련의 개입으로 민주화 운동이 좌절되면서 그의 삶도 무너졌다. 교수 자리를 잃고, 그의 책은 판매 금지됐다. 결국 파리로 이주해 1981년 프랑스 시민이 됐다. 『농담』은 이런 경험을 바탕으로 쓰여졌다. 『농담』은 사소한 농담으로 인생이 꼬여버린 남자가 참담했던 자신의 젊음과 화해하는 과정을 그린 소설이다. 이 소설에서 쿤데라는 사랑·우정·증오·복수 등 사적인 테마에서 시작하여, 선의로 출발한 이념일지라도 의도와 다른 결과를 낳을 수 있음을 암시하여 절대 신념과 획일주의의 폐해를 경고한다. 절대 신념이 한 개인의 삶을 철저하게 파괴할 수도 있음을 보여준다.

체코를 세계에 알렸음에도 체코 국민들의 사랑을 받지는 못했다는 점에서 그의 삶 역시 '블랙 유머'에 가깝다. 아직까지도 다른 체코 작가들이 정권의 박해를 견디는 동안 조국을 버리고 도피했다는 지탄을 받는다. 또 체코 공산정권에 반대하던 스파이를 밀고했던 젊은 쿤데라의 전력이 2008년 알려지면서 또다시 비난에 휩싸이기도 했다.

마흔,
고독이 필요한 시간

헨리 데이비드 소로, 「월든」

월든은 미국 매사추세츠주의 콩코드에 위치한 호수 이름이다. 소로는 그 곳에서 손수 오두막을 짓고 2년 2개월간 혼자서 지냈고, 그 기록을 『월든』 으로 남겼다.

내가 이 책을 처음 접한 건 1990년대 중반 영문학을 전공하던 학부 시절 이었다. 나에게 소로라는 인물은 연구 대상이었다. 당시 나와 내 주변의 친구들은 원하는 직장에 들어가기 위해 취업 공부에 전념하고 있었다. 그 런 상황에서 '서른도 채 되지 않은 젊은 나이에, 하버드 대학을 졸업한 엘 리트가, 고향 숲속 호숫가에 오두막을 짓고 농사를 지으며 살아간다?'는 사실이 꽤나 놀랍고 신선했다. 독특한 생각을 가진 인물, 아니 어쩌면 요 즘 말로 까칠한 인물일 거라는 생각을 했던 것 같다. 그래서인지 『월든』은 이야기 자체만으로는 꽤 감동적이었지만, 그것이 전부였다. 『월든』은 내 삶에 큰 영향을 주지 못했고, 나는 그것을 내 이야기가 아니라 미국의 어느 용감한 젊은이의 이야기로 치부해 버렸다.

우리는 왜 그렇게 성공에 집착할까?

이 책을 다시 읽은 것은 1년간 회사를 떠나 미국에 머물면서이다. 다시 읽은『월든』은 정말 다른 책이었다. 20대의『월든』이 특별한 한 인물의 회고록이었다면, 마흔을 앞두고 읽는『월든』은 내 삶의 이야기였다.

미국에 와서 삶을 돌아보니, 나는 너무 바쁜 일상을 보냈다는 생각이 들었다. 바쁜 일상의 원인은 두 가지였다. 하나는 일, 다른 하나는 사람과의 관계였다. 우리가 일에 매달리는 이유는 명확하다. 나를 증명할 수 있는 가장 확실한 것이 일이기에, 일의 성공이 인생의 성공이라는 확신에서 '성공'을 향해 무한질주를 하는 것이다. 하지만 어느 한 순간, 목표에 의구심이 들면 질주 본능에 비상등이 켜진다.

이와 같은 고민을 소로는 한 문장으로 이렇게 표현한다.

> 왜 우리는 그처럼 성공하려고 필사적으로 서두르며, 그토록 무모한 도전을 하는 것일까?

20대에 이 문장은 나에게 큰 울림을 주지 않았다. 그만큼 나의 목표는 확고했다. 성공을 향한 도전은 그야말로 젊은이가 꿈을 이루기 위한 의미 있는 도전이었고, 그에 따라 향후 나의 인생이 달라진다는 확신에 차 있었다.

하지만 20여 년을 살다보니, 그러한 확신에 의문이 생기기 시작했다. 그동안 인생의 희로애락을 경험하면서 성공의 이면도 보았고, 실패의 이면도 보았다. 한 마디로 세상을 입체적으로 보기 시작한 것이다.

> 사람들이 성공한 삶이라고 생각하며 칭찬하는 삶은 그저 삶을 살아가는 한 방법에 불과하다. 그런데 다른 모든 방식의 삶을 짓밟아가며 하나의 삶만을 과대평가할 이유가 어디에 있겠는가?

정말이지 소로의 생각과 고민은 마치 그가 1800년대에 2000년대의 미래를 산 것처럼 지금 현대를 살아가는 우리의 삶에 깊은 울림을 준다.

단절의 기쁨과 두려움

소로가 월든 호숫가를 찾은 것은 지금으로부터 약 160년 전인 1845년이다. 소로는 "내 인생을 오로지 내 뜻대로 살아보기 위해서" 숲으로 들어갔다. 소로의 월든 생활은 그때나 지금이나 일종의 실험이자 저항이었다.

물론 나는 소로처럼 삶의 본질과 직면하기 위해서라는 거창한 목표를 갖고 회사를 쉬기로 한 것은 아니었다. 휴식이 간절했고, 쉬지 않으면 멈출 것 같은 위기감 때문이었다.

회사를 당분간 떠나기로 결심하기 전 나는 많이 지친 상태였다. 시시때때로 세상과, 사람과 단절이 필요한 것이 아닌가 하는 각성이 찾아왔다. 그저 달리는 속도가 느려질까 봐 뒤로 미뤄두었을 뿐이다. 짧은 시간 동안 이라도 세상과 단절이 필요하다고 절감한 날은, 서울 한강에서 우스꽝스러운 오리 보트를 탔던 날이었다. 나는 공짜라는 말에 솔깃해 오리 보트에 올라타서 짧은 시간에 최장거리를 다녀오겠다며 전속력으로 페달을 밟았다. 금세 체력이 떨어졌고, 배는 강의 한가운데에서 멈췄다. 헐떡거리던 숨소리가 잦아들 무렵, 갑자기 주위에 정적이 흘렀다. 차량의 경적도, 길거리의 주정꾼도, 지하철의 안내방송도 없었다. 멈춰선 오리 보트는 참으로 평안했다. 마치 먼 곳으로 여행을 떠난 것 같은 평안이 찾아오자 저 멀리로 아등바등 아우성치는 내가 보였다. 그 이후로 일에 치여 잊고 지내던 '어떻게 살아야 할까?'라는 질문이 시작되었고, 결국 나는 미국으로 오게 되었다. 오리 보트는 아주 작은 계기였을 뿐인데, 그 작은 계기에도 흔들릴 정도로 내 삶은 위태로웠던 것이다.

1년이라는 시간 동안 나는 단절의 기쁨과 두려움을 원없이 누렸다. 단절의 기쁨은 일보다 관계적인 측면이 컸다. 나는 사람과의 관계를 만들고 유지하는 일에 큰 의미를 두고 살아왔다. 하지만 어느 순간부터 사람이 아니라 변호사, 의사, 공무원 등 그가 가진 직업과 대화를 하기 시작했다. 그래서 되돌아서면 그 사람을 안 것이 아니라 그 사람이 어떤 일을 하는지 알았을 뿐이다. 어색한 대화를 하면서 서로를 알아가는 과정은 우리에게 유쾌하지는 않았지만 반드시 필요한 일이었다. 사람과의 관계가 이해관계에서 비롯된 만큼 철저히 이익과 손해를 계산했다.

　　우리는 너무 빈번하게 만나서 상대에게 새로운 가치를 얻을 시간적 여유가 없다. (…) 우리는 이런 빈번한 만남을 견디기 위해서, 또 터놓고 싸울 수는 없기 때문에 예의와 범절로 불리는 일정한 규칙들을 따라야만 한다.

『월든』에는 나의 일상이 그대로 반영되어 있었다.

이와 같은 규칙들에서 벗어나 미국에 머무는 동안 늘 단절의 기쁨을 맛본 것은 아니었다. 옛것과의 단절은 새것과의 만남을 재촉하듯 또 다른 일상이 만들어졌다. 또 다른 관계가 이뤄지면서 살던 곳과 다를 바 없는 피곤한 삶이 이어지기도 했다. 이를 통해 물리적 단절이 전부는 아니라는 것을 깨달을 수 있었다. 오히려 어느 가을 날 나무 아래 앉아서 읽은 고전 한 권이 더 큰 단절의 기쁨을 줄 수도 있고 혼자 훌쩍 떠난 짧은 여행에서 얻은 여운이 긴 마음의 안식을 줄 수도 있다. 이렇게 혼자 지내는 시간을 통해 잠시만이라도 나를 타자의 시선으로 바라보는 것, 그것이야말로 우리에게 필요한 휴식이라는 생각이 든다.

흐르는 대로가 아니라 의도한 대로 살아야 할 순간

잠시나마 일상과 단절하며 느낀 교훈은 이제까지의 삶이 흐르는 대로였다면 지금부터는 의도한 대로 살아야 한다는 것이다.

사실 우리의 인생 목표는 비교적 심플하다. 안정된 직장, 화목한 가족, 그들과 함께할 집! 하지만 조금만 더 세부적으로 들어가면 안정, 직장, 집의 기준은 사람에 따라 다르다. 그렇기 때문에 우리가 그토록 바라던 성공은 우리가 기준으로 그어 놓은 선을 넘어서면 부질없는 것이 되기도 한다.

이 사실을 깨닫는 시기가 우리 사회에서는 대략 마흔 전후인 것 같다. 마흔 이후에도 성공을 향해 몸부림칠 수만은 없다. 그렇게 살기에 우리는 인생에 대해 너무 많은 것을 알았다.

새로운 삶의 형태는 사람마다 다를 것이다. 다만, 확실한 것은 적어도 지금부터는 사회가 원하는 삶이 아니라 내가 원하는 삶을 살 준비를 해야 한다는 사실이다. 이것은 아마도 소로가 말한 다른 북소리가 아닐까 싶다.

> 누군가 동료들과 보조를 맞추지 않는다면 그것은 다른 북소리를 듣고 있기 때문일 것이다. 그 북소리가 박자에 맞든 종잡을 수 없든 간에 자신의 귀에 들리는 북소리에 맞춰 걷도록 하라. 사과나무나 떡갈나무처럼 빨리 성숙해야 할 이유는 없다. 남들과 보조를 맞추려고 자신의 봄을 여름으로 바꿔야 하는가?

1년간의 휴식을 계기로 내 삶이 완전히 달라질 것이라고 기대하지 않았다. 다만, 고독한 휴식을 통해 삶의 본질과 마주할 용기를 얻었다. 지금부터라도 삶의 본질이 무엇인지 끊임없이 되새김질하고 싶다. 흐르는 대로가 아니라 의도한 대로 살고 싶다. 그러면 세상의 기준이 아니라 나의 방식으로 나아갈 수 있지 않을까?

> 나는 숲에서 경험한 삶을 통해 적어도 다음과 같은 것을 배웠다. 우리가 꿈꾸는 방향으로 자신 있게 나아가며 머릿속으로 상상하던 삶을 살려고 노력하면 평범한 삶을 살 때는 생각지도 못한 성공을 만나게 된다는 것이

다. 그때 우리는 어떤 것들을 잊고 보이지 않는 경계를 넘어갈 것이다.

이것이 다른 북소리를 듣기 시작한 나에게 소로가 주는 나지막한 위로
이다.

작품 『월든 Walden』
저자 헨리 데이비드 소로(Henry David Thoreau, 1817~1862)
고전 판본 강주헌 번역, 현대문학

1854년 작. 소로는 하버드 대학을 졸업한 후에 세속의 부와 명성을 좇지 않고 교사, 농부, 측량기사, 정원사, 연필공장 노동자 등 다양한 노동을 하며 많은 시간을 산책과 독서, 글쓰기로 보냈다. 『월든』은 1845년 7월부터 1847년 9월까지 소로가 고향 콩코드 월든 호숫가에서 자연과 더불어 일한 만큼 먹고, 먹을 만큼 생산하는 자급자족의 삶을 살아가며 느낀 삶의 성찰을 담은 글이다. 소로의 삶에 대한 철학적인 성찰, 월든 호숫가에 대한 생태학적 고찰, 시적이면서도 사색적인 문장으로 19세기의 경전, 생태문학의 고전으로 평가받고 있다. 또한 톨스토이, 간디, 마틴 루터 킹, 로버트 프로스트, 법정 스님 등 수많은 이들에게 영감의 원천이 되었다.

소로는 자연과의 교우를 중요시한 반면, 사회에 대해서도 지속적인 관심을 뒀다. 1846년 7월 멕시코 전쟁에 반대하여 인두세의 납부를 거절한 죄로 투옥당했고, 당시 경험을 토대로 쓴 책이 『시민 불복종 One Civil Disobedience』이다.

...
고독한 휴식을 통해
삶의 본질과 마주할 용기를 얻었다.
지금부터라도 삶의 본질이 무엇인지
끊임없이 되새김질하고 싶다. 흐르는 대로가 아니라
의도한 대로 살고 싶다.

먹고 사는
일의 위대함

월리엄 골딩, 「파리 대왕」

요즘 들어 부쩍 먹고 사는 것이 얼마나 위대한 행위인지에 대해 절실히 느끼게 된다. 잠시만 방심하면 마이너스 잔고가 되고, 자고 나면 물가가 올라 있다. 돈은 비탈에서 굴리는 눈덩이와 같아서 부모가 돈뭉치를 물려준 이는 아래로 슬쩍 굴리기만 해도 불어난다고 한다. 반면 밑천 없이 시작한 이들은 안간힘을 다해 돈을 뭉쳐보아도 손가락 사이로 모래처럼 쉽게 스러져 버린다. 나이 들수록 "나중에 해봐라, 먹고사는 것이 얼마나 힘든지."라고 푸념하던 부모님의 심경에 동감하는 나를 발견한다.

더 무서운 것은 '열심히 살면 된다'는 오래된 원칙에 대한 믿음이 엷어지는 것이다. 열심히 살아도 계속 가난하게 살 것이며, 그저 '열심히 살았다'는 위안만 안고 살다가 죽을 수도 있다. 인과응보가 적용되지 않는 경우도 허다하지 않은가. 법이나 도덕도 사람이 만든 것이라 완벽하지 않다.

허점이 있고 예외 투성이다. 나이 마흔이 되면 밥벌이를 위해서는 고상한 문명의 힘을 빌리는 것보다 욕구에 충실한 야만의 힘이 더 효율적인 수단임을 시시때때로 목격한다.

이 지점에서 갈등이 생긴다. 밥벌이를 위해 허용되는 야만의 한계는 어디까지일까? 사회적 질서와 원칙 속에서 최선을 다할 것인가, 아니면 비열하게 경쟁해 쟁취할 것인가? 이 기로에 서게 되는 나이가 마흔이다.

야만성은 문명을 파괴한다

이에 대한 흥미로운 실험이 윌리엄 골딩의 소설 『파리 대왕』이다. 줄거리를 잠시 살펴보자.

세계전쟁이 한창일 때 아이들만 태운 비행기가 어떤 섬에 추락했다. 수십 명의 아이들이 살아남았다. 랄프와 피기는 바다에서 큰 소라를 찾았다. 랄프는 피기의 조언대로 소라를 불었다. 살아남은 아이들이 소라 소리를 듣고 바닷가의 한 장소로 모인다. 투표를 통해 랄프는 대장이 됐다. 성가대 대장이었던 잭이 경쟁자였지만 투표에서 지고 만다.

랄프는 소라를 쥐어야 발언권을 준다든지, 다수결로 중요사안을 정한다든지 하는 문명의 규칙을 만들었다. 랄프가 가장 중요시하는 것은 봉화다. 밤에도 불을 때야 하니 힘들고, 당장은 이익이 없어 보이지만, 랄프는 봉화만이 자신들을 그 섬에서 구출해 줄 희망이라고 생각했다. 그래서 잭과 성가대원들에게 24시간 봉화의 불을 맡겼다.

반면 잭은 먹을 것을 구하는 것이 급선무라고 믿었다. 잭도 처음에는 멧돼지를 잡지 못했다. 하지만 수차례의 시도 끝에 멧돼지의 목을 딴 후 먹을 것에 집착하기 시작했다. 멧돼지 사냥을 위해 봉화대의 불을 꺼뜨리기 일쑤였다. 결국 이 일로 랄프와 잭은 갈등을 빚는다. 잭은 랄프를 경질하고 자신을 대장으로 해달라고 투표를 청한다. 아이들의 냉담함과 무관심으로 잭은 몇 명의 성가대원과 떠나버린다.

하지만 아이들의 마음은 랄프를 떠나 잭에게로 서서히 옮겨가는데, 그 이유는 두 가지 때문이다. 첫째는 산 위에 죽은 채 떨어진 낙하산을 탄 군인을 아이들이 무서운 괴물로 오인했기 때문이다. 랄프는 아이들의 공포가 허구임을 밝히려 하지만 익명성에 의존한 아이들의 소문은 커지기만 한다. 잭은 이 허구의 괴물에게 멧돼지 머리를 바치는 의식을 하면서 아이들의 믿음을 얻기 시작한다.

둘째는 고기 때문이다. 랄프는 고기를 먹여줄 수 없지만 잭은 멧돼지를 잡아 늘 성대한 파티를 연다. 파티는 원시적인 형태로 진행되는데, 색깔 열매로 페인트를 만들어 바르고 원시적인 노래와 춤을 함께 추면서 동질감을 키워간다. 아이들은 현실성이 없어 보이는 봉화에 매달리는 것보다 고기를 택한다. 잭과 아이들의 야만스러운 축제가 이어지던 중에 급기야 죽은 군인의 실체에 대해 얘기하려는 한 아이를 죽이게 된다.

그나마 랄프와 피기에게는 불을 피우기 위해 필요한 돋보기안경이 있었다. 불은 봉화를 피우기 위해서도 고기를 굽기 위해서도 가장 필요한 것이었다. 잭은 무력으로 이 돋보기안경을 빼앗고, 랄프와 피기는 돋보기안경을 찾기 위해 잭의 동굴에 찾아간다. 하지만 피기는 잭의 아이 중 하나가 굴린 바위에 부딪혀 절벽 아래로 떨어져 죽고, 랄프는 나무창에 찔린 채 살기 위해 도망친다.

배고픔 앞에서 인간의 품위는 쉽게 무너진다

랄프는 문명이다. 랄프가 매달리는 봉화는 문명의 불꽃이다. 잭은 야만이
다. 잭이 잡는 멧돼지는 매일매일의 양식이다. 봉화를 피워 섬에서 빠져
나가면 아이들은 다시 어른들의 무제한적인 보호와 양식을 얻을 수 있다.
하지만 섬에서는 그날의 양식이 더 절실하다. 확률이 희박한 봉화에 매달
리기보다 멧돼지 고기 한 점에 더 끌리는 것이다. 게다가 잭이 이끄는 야
만의 세계에서는 모두가 동등한 위치인 것처럼 보인다. 함께 야만적인 축
제를 열고, 괴기스러운 괴물을 달래기 위한 의식을 치르며, 고기를 나누
어 먹는다. 한편 랄프가 이끄는 문명의 세계는 계급이 분명히 존재한다.
대장인 랄프, 관리격인 피기와 몇 명의 아이들, 봉화를 책임지는 일꾼과
과일을 따오는 일꾼 등 책임과 의무의 한계가 분명하다. 책임을 다하지
않을 경우 처벌도 행해진다.

우리가 사는 문명 역시 마찬가지다. 법과 도덕, 관습 등이 끊임없이 우리
의 행동을 규정한다. 처벌 역시 다양하다. 비루한 밥벌이 대신 고귀한 가
치가 있다고 알려준다. 그러나 배고픔 앞에서는 인간의 품위는 쉽게 무너
진다. 웃돈을 얹어 파는 암표상, 미터기를 조작하는 택시기사, 뇌물을 받
고 허가를 내주는 공무원, 연비를 속여서 차를 판매하는 대기업 등 본질
은 밥벌이를 위해 반칙을 서슴지 않는다는 것이다.

야만스러운 세상에는 '먹고살려고 그랬다'는 핑계 아래 담합이 판을 친다.

...
밥벌이를 위해서는 고상한 문명의 힘을 빌리는 것보다
욕구에 충실한 야만의 힘이
더 효율적인 수단임을 시시때때로 목격한다.
이 지점에서 갈등이 생긴다.
밥벌이를 위해 허용되는 야만의 한계는 어디까지일까?
사회적 질서와 원칙 속에서 최선을 다할 것인가,
아니면 비열하게 경쟁해 쟁취할 것인가?
이 기로에 서게 되는 나이가 마흔이다.

공범들은 이익을 나누어 가진다. 공범일 뿐이니, 이 세계에는 계급이 없다. 책임과 의무로부터 자유롭다. 그래서 생각보다 많은 사람들이 야만스러운 세상으로 고개를 돌린다.

반면 문명의 힘을 믿는 것은 놀이공원에서 인기 있는 놀이기구를 타려고 기나긴 줄을 서는 것과 같다. 아픈 다리와 배고픔을 참아야 하고, 지루함과 짜증을 억눌러야 한다. 갑자기 앞사람의 가족이라며 끼여드는 새치기의 침범도 뿌리쳐야 하고, 피곤하다고 칭얼대는 아이의 불평도 달래야 한다. 2시간 만에 간신히 탄 놀이기구가 별로 재미없었다고 해도, 줄을 서는 과정은 꼭 필요하다고 가족을 설득해야 한다. 그저 봉화는 꺼뜨리면 안 된다고 말해야 하는 것처럼 말이다. 사회의 가치를 지키는 것이 지금 당장은 조금 더 배고프고 피곤하지만, 나중에는 더 큰 이익으로 돌아온다고 믿어야 하니까.

그 결과, 마흔의 나는 랄프와 같이 상처투성이가 되었다. 지금까지 믿었던 법과 윤리가 어쩌면 공정하지 않을 수도 있다는 의심을 품게 됐기 때문이다. 전 세계를 휩쓴 금융위기 뒤에는 금융회사의 부도덕성이 있었다. 과도한 수수료로 자신들의 배를 채우고 있었고, 일부는 고객이 믿고 맡긴 돈까지 빼돌렸다. 법도 공정함을 잃을 때가 많았다. 변호사의 수임료에 따라 소송의 결과가 달라지기도 했다. 병들어 아픈 자도 경제적 형편에 따라 치료를 받을 수밖에 없다. 그래서 많은 사람들이 봉화를 피우는 데 참여하는 것은 이제 다른 이들에게 미루어두고, 오늘 내 배를 채울 멧돼지를 찾아야 하는 것이 아닌가 하고 고민한다.

정직하게 먹고사는 것이야말로 문명을 지탱하는 위대한 힘

이쯤에서 『파리 대왕』에서 분량으로 따지면 1%에 불과하지만 내용으로 보면 99%에 해당하는 결말에 대해 말해야겠다.

야만스럽게 돌변한 아이들은 이미 상처를 입은 랄프를 찾아내기 위해 수색을 시작한다. 랄프는 잭의 동굴 근처에서 숲으로 간신히 도망쳤지만 잭과 아이들은 섬 전체에 불을 지른다. 더 이상 도망갈 곳이 없어진 랄프는 죽을힘을 다해 해변으로 도망친다. 아이들의 죽창이 주위에 꽂히고, 함성이 진동할 때 랄프는 결국 힘이 다하여 쓰러진다.

그리고 랄프와 잭, 아이들은 자기들을 구하러 온 해군을 만난다. 아이들은 그 순간 다시 예전 아이의 모습으로 돌아간다. 모든 야만적인 행위는 해군을 만남과 동시에 끝난다.

> 색깔이 있는 진흙으로 온몸을 칠한 소년들이 모래사장에서 각자 손에 창을 들고 반원 모양을 하고 조용히 서 있었다.
> "재미있게 놀았군." (해군이 말했다.)
> 불길은 모래사장에 있는 야자수에게로 전염되어 요란스럽게 그것을 태웠다. 불길은 마치 곡예사처럼 빨리 옮겨가서 그 화강암 고대에 있는 야자수 꼭대기를 휘어잡았던 것이다. 하늘이 검게 보였다.

아이들은 섬의 모든 것을 파괴했다. 소설에서 인간의 본성은 문명을 지탱하기에 충분히 선하지 않았다. 굶주림 앞에서 아이들은 쉽게 야만의 본성을 드러냈다. 문명도 쉽게 무너졌다. 그리고 문명은 해군의 등장과 함께 다시 찾아왔다. 만일 해군이 아니라 민간인 어른들이 몇몇 찾아왔다면 아이들의 야만적 세계는 끝나지 않았을지도 모른다. 해군이라는 더 큰 무력이 문명의 규칙들을 지탱하도록 한 셈이다. 해군은 야만을 막는 강력한 처벌 권한이다. 현실에서도 법이나 도덕은 문명이 파괴되는 것을 막는 지지대다.

소설에서 해군의 등장으로 아이들의 야만적 세계가 끝나도록 한 것은 어색하지는 않지만, 현실에서는 또 다른 고민을 낳는다. 엄격한 처벌로 사회적 규칙을 지탱하는 것은 힘의 논리다. 또 다른 야만의 세계다. 게다가 법관, 경찰, 군인, 공무원 등 사회적 규칙을 만드는 우리 사회의 '해군'이 공정한지에 대해서도 확신이 서지 않는다. 힘이 없는 자만 법을 철저히 지키는 형평성에 문제가 있다면 문명의 이름을 한 야만이나 다름없지 않은가.

그럼에도 사회적 규칙에 순응하며 살겠다고 결심하는 이유는, 그 규칙이 다소 부당하고 미흡할지라도 부단히 지키려고 애쓰는 나와 같은 평범한 이들 때문이다. 하루하루 먹고사는 것만으로 삶이 버거워도, 문명의 세계에서 야만의 세계로 옮아가기보다 바늘구멍만 한 희망을 향해 천천히 나아가는 이들이 아직은 많다고 믿기 때문이다. '하루 먹이를 찾아 나서자'고 부르짖는 선동가보다, 당장 변화가 일어나지 않더라도 시간 나는 대로 봉화를 피우는 데 힘을 할애하는 조용한 혁명가들이 더욱 많음을 알기 때문이다. 소설의 실험은 문명의 종말이었지만, 세상의 실험은 문명의 번성임을 믿기 때문이다.

문명의 규칙을 지키면서 정직하게 먹고사는 것만으로 우리는 세상의 문명을 지탱하는 위대한 일을 하고 있는지도 모른다. 야만의 세계로부터 끊임없는 유혹을 뿌리쳐야 할 힘이 된다. 정직하게 단지 먹고 산다는 것만으로도 스스로를 대견하게 생각해야 할 까닭이다.

작품 『파리 대왕Lord of the Flies』
저자 윌리엄 골딩(William Gerald Golding, 1911~1993)
고전 판본 강우영 번역, 청목사

　　1954년 작. 『파리 대왕』은 원서의 제목인 『Lord of the Flies』를 우리말로 옮긴 것인데, 그 영어는 고대 이집트나 중동지역의 신화에 등장하는 바알제붑(Baalzevuv, 혹은 벨제버브,beelzebub)을 뜻대로 풀이한 것이라 한다. '곤충의 왕'이란 뜻의 바알제붑은 이들 신화에서 폭식(暴食)의 신이었고, 성서에서는 파리의 몰골을 가진 악마의 우두머리로 비유된다. 따라서 파리 대왕은 암시적으로 악마를 상징한다. 작가 골딩은 파리 대왕의 입을 빌려 악마성이야말로 인간 본성의 일부라는 비관적 인간관·사회관을 드러내고 있는 것이다. 작가는 "벌이 꿀을 만들어내듯이 인간은 악을 만들어낸다."고 믿었다. 골딩의 처녀작인 이 작품으로 1983년 노벨문학상을 받았다.

불확실한 시대,
나를 탐구하라
존 K. 갤브레이스, 「불확실성의 시대」

불확실성의 시대라는 말만큼 우리 시대를 정확히 대변하는 말이 또 있을까? 불과 20~30여 년 전 만해도 우리에겐 예측 가능한 삶이 있었다. 예를 들면 대학을 나오면 웬만한 기업에 취업이 가능했고, 상당수의 기업이 정년을 보장했다. 그러나 언제부터인가 명예퇴직, 권고사직, 이태백, 사오정 같은 말들이 등장하기 시작하더니, 이제는 삶의 매뉴얼이 사라졌다. 급기야 중년들은 그동안 아무도 가지 않은 길을 걷게 되었다.

내가 단 1년 만이라도 다르게 살아보자는 결정을 내린 데에도 불확실한 미래가 큰 작용을 했다. 노후 계획을 세우기로 마음먹은 후 우리는 한치 앞도 내다볼 수 없는 현실을 실감했다. 언제까지 직장에 다닐지, 지금 살고 있는 집의 가격이 내일은 얼마가 될지 등 예측 불가능한 것들이 많았기 때문이다.

틀린 답이라도 답안지가 있었으면 좋겠다

그런 즈음 눈에 들어온 책이 갤브레이스의 『불확실성의 시대』이다. 『불확실성의 시대』는 불확실한 시대를 어떻게 헤쳐가야 할지에 대한 해답을 알려주지는 않는다. 세상이 얼마나 불확실한지 보여주는 증거로만 가득할 뿐이다. 나는 기대했던 바와 달라 당황스러웠다. 그러나 삶의 근본적인 불안이 어디서 비롯됐는지에 대한 통찰을 할 수 있게 됐다.

갤브레이스는 애덤 스미스, 리카도, 맬서스, 스펜서, 마르크스, 레닌 등이 주장했던, 지난 200년 간의 경제사상을 촘촘히 정리해 알려준다. 이 가운데 논박되지 않은 진리는 없다. 확신에 찬 이론을 설파하던 경제학자도, 이를 행동으로 옮기던 자본가와 노동자도 설 자리를 잃었다. 우리가 살고 있는 사회를 설명하는 명쾌한 정답이 사라진 셈이다.

개인은 심히 불안해졌다. 설사 틀린 답이라도 확실하게 답이라고 말해 주던 때가 편했다. 방향을 잃고 헤매는 듯하고, 앞으로 나가기는커녕 뒤로 후퇴하기도 하는 세상을 보고 있자니 혼란스럽다. 확실한 사실은 세상이 불확실하다는 것뿐이다. 마지막 책장을 덮는 순간, 나는 큰 소리로 독백했다. 그래서 도대체 어떻게 살아가란 말인가.

> 너무나도 많은 것들이 불확실한 시대이기는 하지만, 한 가지 분명한 것은 바로 이 같은 진리에 우리들은 정면으로 맞서지 않으면 안 된다는 것이다.

갤브레이스는 불확실성 시대를 대처하는 해답을 주는 대신 불확실한 시대에 '함께 맞서자'고 제안한다. 이 책이 출간된 1970년대, 저자도 해답을 찾지 못했을 수 있다. 물론 개인마다, 시대마다, 국가마다 해답이 다를 수도 있다. 극단적으로는 해답이 없을 수도 있다. 어쨌든 나를 비롯한 독자는 스스로 해답을 찾아나서야 한다.

불확실성이란 무엇인가?

우선 '불확실성'은 무엇인가? 갤브레이스는 역사적인 고찰을 통해 현대 사회의 불확실성은 '확실한 가치가 사라진 상태'라고 말한다.

18세기 애덤 스미스의 '보이지 않는 손' 이론은 시대의 진리였다. 정부의 개입이 없어도 경제는 스스로 잘 움직였다. 하지만 현대는 정부가 주도하는 시대다. 주식시장, 환율시장에 개입하고 은행의 방만한 경영을 규제한다. 물가를 관리하고 대기업으로부터 중소상인을 보호한다.

19세기 인구의 증가 속도가 식량의 증가 속도보다 빠르기 때문에 세상은 큰 혼란을 맞을 것이라는 맬서스의 인구론도 당대에는 진리였다. 하지만 선진국의 출산율 저하와 농업 생산량의 급속한 증가로 세상은 파국을 피했다. 리카도는 경제 발전에 따라 모든 노동자가 간신히 목숨을 연명하는 낮은 생활수준으로 떨어질 것이라고 했다. 일부는 맞지만 수억 원의 연봉을 받는 귀족 노동자도 탄생했다. 마르크스의 이론 역시 소련의 붕괴로 빛이 바랬다. 케인스의 이론은 미국 대공황을 헤쳐 갈 혜안을 보여줬다. 정부 지출을 늘려 소비를 촉진하는 방식으로 미국은 불황과 실업의 늪에서 빠져나왔다. 하지만 심각한 물가상승이 이어졌다.

확실한 경제이론은 케인스를 마지막으로 사라졌다. 현대 경제학은 더 이상 만고불변의 진리를 꿈꾸지 않는다. 갤브레이스는 불확실성의 시대가 열렸다고 선언한다.

이런 경제사적인 고찰이 아니라도 우리는 뉴스를 통해 세상이 불확실해지는 것을 목격한다. 2001년 9월 11일, 미국 뉴욕의 110층 세계무역센터(WTC) 쌍둥이 빌딩이 항공기 자폭테러로 무너졌다. 한마디로 'America is under attack'(미국이 공격당했다)이었다. 세계의 경찰이자 영원할 것 같던 제국 미국도 안전하지 않았다. 2010년 미국 금융회사 리먼 브라더스 파산 사건은 전 세계에 금융위기를 불러왔다. 2011년 유럽 재정위기로 유럽의 선진국들도 파산할 수 있음을 알게 됐다. 절대적인 믿음은 사라진 것이다.

불확실한 세상은 개인의 삶도 변화시켰다

이런 거대담론이 사회 구성원의 일상을 어떻게 바꾸어 놓았을까? 개인은 거대담론을 공부한 뒤 '세상이 불확실하구나'라고 깨닫지 않는다. 다만 부지불식간에 개인의 삶에 영향을 끼칠 뿐이다. 일상 속 대화를 떠올려 보자. "미래가 없다.", "믿을 게 없다."는 푸념은 불확실성이 개인의 삶도 바꾸고 있다는 방증일 것이다.

평범한 직장인에게 눈에 보이고, 손에 잡히는 확실한 가치는 '돈'이었다. 돈을 벌기 위해 일하고, 연봉을 많이 받기 위해 이직한다. 하지만 돈을 벌어도 미래는 여전히 불안하다. 20년 전만 해도 적금을 부으면 만기에 돈

가치의 하락폭을 메우고도 남을 이자를 벌었다. 하지만 지금은 다르다. 노후를 위해 차곡차곡 모아둔 돈은 20년 후에 얼마만큼의 가치를 지닐지 예측할 수 없다.

수십 년간 '땅'은 돈보다 더 확실한 가치를 지녔다. 돈은 휴지조각이 돼도 토지는 남아 있었다. 하지만 땅이 꺼지듯 주택가격의 거품도 꺼졌다. 평생 고용도 옛 이야기가 됐다. 낙타가 바늘구멍을 통과하면 대기업 취업문이 나온다는 농담이 있지만, 그렇게 어렵게 들어간 곳도 언제든 잘릴 수 있다. 자식 농사는 더욱이나 수확을 장담할 수 없다. 노후 대책으로 자식을 잘 키우던 시대는 지났다. 조기 영어교육이나 유명학원에 보낼 재력은 기본이고, 교육전문가 수준의 정보력도 갖춰야 한다. 그렇게 대학을 입학해도 그럭저럭 중산층으로 살 수 있을지 의문이다. 성인이 된 자식 뒤치다꺼리에 노후는 고달파졌다.

결국 평범한 직장인에게 불확실성의 시대는 "미래가 안 보인다.", "뭘 해야 할지 모르겠다."며 깊은 한숨을 쉬도록 한다.

불확실한 세상은 불안뿐만 아니라 대안을 만든다

개인이 불확실한 세상에 푸념을 늘어놓는 이유는 무엇일까. '불안감' 때문이다. 내일을 예측할 수 없고, 어떤 능력을 가져야 성공하거나 인생의 행복을 얻을 수 있을지 알 수 없다. 어제까지 수익성 높은 기술이 오늘은 무용지물이 되는 게 현실이다. 옛말에 부자는 망해도 3대가 간다고 했지만, 요즘은 금세 빚더미에 올라앉을 수도 있다. 대학을 졸업하고 최고의 직장에 들어가지만, 안정적인 직장은 사라졌다. 혁명만 성공하면 모두가 평등한 장밋빛 미래가 찾아온다고 굳건히 믿거나, 기술이 진보하면 생활수준이 획기적으로 개선된다고 확신에 찼던 시대에 살았던 사람들은 지금보다 정신적으로 행복했을 것 같다.

게다가 이런 불안감은 개인의 힘으로 잠재울 수가 없다. 걱정을 할수록 불안감만 커질 뿐이다. 이런 시대에는 염세주의에 빠지기 쉽다. 세상에 맞서 할 수 있는 일이란 없다고 체념할 수밖에 없기 때문이다. 하지만 갤브레이스는 이런 염세주의가 긍정적인 측면도 있다고 주장한다.

> 사람은 적어도 교육을 받으면 염세주의자가 된다. (…) 아마도 이러한 염세주의는 좋은 것이다. 나도 확실히 그렇게 생각하고 있다. 염세주의로 말미암아 "글쎄, 나는 무엇을 할 수 있을까." 하는 의문이 나올 수 있다. 이것은 매우 좋은 질문이다. 개인으로서 할 수 있는 일이 무엇이 있을까.

불확실성은 변화가 가져오는 기회를 나누어 준다. 불확실성 시대에는 절대적인 권위는 없다. 누구나 새로운 권위가 될 수 있다. 30대 임원이 나오고, 대안 언론이 나오고, 상아탑 밖 지식인들이 활약 중이다.

평범한 직장인이 불확실한 시대에 '변화의 기회'를 잡아야 한다고 종용하는 것은 아니다. '성공을 위해 빠르게 기회를 잡으라'는 조언은 누구에게나 보편타당하게 적용되는 답이라고 볼 수 없다. 유연하게 대처해 기회를 잡은 소수는 확실성의 시대에도 성공했을 가능성이 높지만 그런 선각자는 극히 드물다.

따라서 범인들은 불확실성이 어디서 비롯되는지 이해하고 두려움을 덜어내는 것만 해도 성공이다. 세상이 만만치 않음을 깨닫고, 상대를 파악해 보고자 용기를 낼 때, 우리는 온 힘을 다해 맞설 수 있다.

불확실성에 맞서기를 포기하면, 진짜 불확실한 세상이 열린다

개인에게 '불확실성'은 불투명한 미래다. 앞이 보이지 않는 깜깜한 어둠 속에서 물건을 찾는 것과 같다. 그러나 우리가 불확실성의 원인을 따져 보고, 그 이유들을 하나씩 분석해 보면, 불확실성이 모습을 드러내기도 한다. 깜깜한 어둠 속에서 물건을 찾는 것처럼 말이다. 더듬더듬 손으로 만져 확인해 보면 시간이 걸리고 답답하지만 결국 물건을 찾아낼 수는 있다.

나는 먼저 내 인생의 불확실성을 제거하고 미래를 그려보려고 시도했다. 크게 가족, 직장에서의 성공, 학문, 자식 교육, 금전 상태, 노후 등으로 나누고 왜 각각이 불확실한지를 따져 도표를 그렸다. 하지만 스스로를 아는 데 매우 서투른 나머지 불확실성의 정체는 쉽게 모습을 드러내지 않았다. 직장에서 인정받고 학업도 계속하고 싶지만, 업무와 학업을 병행하는 것은 물리적 시간이 허락하지 않았다. 그렇다고 둘 중 하나를 선택하려니 가족 부양의 책임을 포기해야 했다. 이렇게 꼬리에 꼬리를 물고 인생은 복잡해졌다. 미흡하지만 내린 결론은 스스로의 욕구를 충실히 들여다봐야 한다는 것이었다. 나의 욕구와 나의 의무, 상대의 욕구와 상대의 의무가 뒤엉키면서 나는 길을 헤매고 있었다. 그러면서 나는 인생의 많은 불확실성에 대해 규명하고 정리하고, 단순화하는 데도 연습이 필요하다는 사실을 깨달았다.

사실 세상이 불확실해진 것은 인간의 탐욕 때문이다. 돈을 많이 벌고자, 물건을 좀 더 많이 소유하고자 하는 인간의 욕망 위에 쌓아올린 경제체제는 시간이 갈수록 위태로워질 수밖에 없다. 그래서 세상은 점점 불확실해진다. 덩달아 개인은 불안해진다.

그렇다고 내 삶의 불안을, 불확실한 시대 때문이라고 불평만 하고 있어야 할까. 아니다. 스스로 삶을 불확실하게 만드는 정체를 파악해야 한다. 불필요한 욕망을 없애는 연습, 인생에서 중요한 가치에 우선순위를 매기는 연습, 삶의 지도를 그려보는 연습이 필요하다. 그래야 깜깜한 미래를 향해 나아갈 때 인생의 방향키를 놓치지 않을 수 있다. 이런 노력을 포기하는 순간, 진짜 '불확실성의 시대'가 시작된다. 적어도 어지러운 세상이 내 삶을 흔들도록 내버려두지 않는 노력을 해야만 한다.

작품 『불확실성의 시대 The age of uncertainty』
저자 존 K. 갤브레이스(John Kenneth Galbraith, 1908~2006)
고전 판본 원창화 번역, 홍신문화사

1977년 작. 저자는 미국의 경제학자로 난해한 경제학을 뛰어난 문학성으로 풀어냈다. 1972년 미국경제연합회 회장을 역임했다. 성장 위주의 경제정책을 비판하고, 생산보다 공익사업의 중요성을 강조했다. 캐나다 태생으로 UC버클리 대학에서 농경제학을 공부하기 위해 미국에 왔다. 작가는 소스타인 베블런의 『유한계급론』에서 영향을 크게 받았다고 밝힌 바 있다. 존 F. 케네디 대통령의 핵심 자문으로 1961~63년 주(駐) 인도 대사를 지내는 등 공직에 몸담기도 했다. 하지만 린든 존슨 대통령과 베트남전을 두고 의견이 갈리면서 더 이상 공직에 나가지 않았다. 하버드대학 교수로 재직하며 저술에 몰두했다. 2004년 95세의 나이로 『경제의 진실 The Economics of Innocent Fraud』을 발표할 정도로 말년에도 왕성한 활동을 했다. 2000년 미국 대통령이 수여하는 자유의 메달(the Medal of Freedom)을 받았다.

...
개인에게 '불확실성'은 불투명한 미래다.
앞이 보이지 않는다.
깜깜한 어둠 속에서 물건을 찾는 것과 같다.
그러나 우리가 불확실성의 원인을 따져보고,
그 이유들을 하나씩 분해하면,
불확실성은 그 모습을 드러내기도 한다.
깜깜한 어둠 속에서 물건을 찾는 것처럼 말이다.

유비와 조조에게
배우다
나관중, 『삼국지』

수백 년 전부터 문장가들이라면 한 번쯤 『삼국지』를 자기 방식으로 다시 썼다. 문장가마다 『삼국지』를 쓴 이유가 제각각이고, 인물에 대한 평가도 각각 다르다. 그러나 위(魏)를 세운 조조(曹操 · 155~220년)와 촉(蜀)을 세운 유비(劉備 · 161~223년)의 삶을 비교하는 부분은 한 번씩 다루게 마련이다. 냉철하고 결단력 있는 조조와 대의를 품고 덕을 실천하는 유비는 전혀 다른 리더십을 보여준다. 조조가 유비와 마주 앉은 자리에서 "지금 천하의 영웅이라 하면 당신과 나 둘뿐이오."라고 했듯이 이 두 사람은 각각 인생의 롤 모델로 삼기에 부족함이 없다.

하긴 동네 아이들도 조조와 유비 중 누가 나은지 서로 입씨름을 하기도 한다. 어린 시절에는 유비를 좋아하는 경우가 압도적이다. 처음 접하는 『삼국지』는 무협소설로 읽히기 때문에 관우, 장비, 조자룡 등 출중한 무장을 거느린 유비의 편이 많다. 그러나 대부분 나이가 들면 유비보다 조조에게 마음이 기울기 시작한다. 아마 비정한 약육강식의 세계를 처음 접하게 되면서 나타나는 변화 때문일 것이다. 우리 인생을 『삼국지』라는 작품으로 비추어 보면, 어려서는 유비를 좋아하다가 사회 초년생 시절엔 조조를 흠모하고, 중년이 되면 다시 유비에게 끌리면서 성숙해가는 것일지도 모른다는 생각이 든다.

포악한 상관보다 힘든 이는 우유부단한 상관

같은 이유로 나는 회사에 취직한 이후 줄곧 조조의 편에 섰다. 약육강식의 직장생활에서는 조조의 냉철함이 더 돋보였던 것이다. 조조와 같은 냉철한 상사는 자신이나 혹은 조직의 이익을 위해서, 부하에게 높은 수준의 업무 성과를 요구한다. 냉철한 상사와 일하는 것은 당연히 피곤하다. 하지만 시간이 흘러 돌아보면 업무 능력이 한 단계 상승한 경우가 많다. 간혹 상사의 냉철함이 게으른 부하나, 능력이 모자란 부하를 다루는 효율적인 방식임을 깨닫기도 한다. 빠르고 냉철한 판단은 자신감이 있어야 가능하지 않은가.

일견 유비와 같은 상사는 우유부단해 보인다. 유비가 제갈공명에게 모든 것을 떠넘기듯 조직원에게 모든 것을 맡기기 일쑤다. 다른 이들의 의견을 경청하는 척하지만 사실은 자신의 의견이 없는 경우도 있다. 준비를 안 했거나 생각하기조차 귀찮아하는 것은 아닌지 의심스러운 상사다. 팀원으로 제갈공명을 데려오면 되지만 요즘 세상에 그런 인재는 흔하지 않다.

배가 산으로 가기 쉽다.

게다가 이 유약한 상사는 중요한 책임을 져야 하는 결정마저 팀원들에게 떠넘긴다. 산으로 간 배는 좌초되기 직전인데, 책임을 물을 사람이 없다. 유약한 상사 입장에서야 본인이 한 일이 없으니 책임질 일도 없다. 하지만 아랫사람이 보기에는 제 몸 하나 챙기기에 바빠 보인다. 이 상사 밑에서 최선을 다한 팀원들 입장에서는 사기가 완전히 꺾일 수밖에 없다. 그래서 직장의 어른들은 '포악한 상사'보다 함께 일하기 힘든 이는 '우유부단한 상사'라고 했다.

냉철함과 유연함을 겸비한 조조

사람을 부리는 조조의 방법은 매력적이다. 능력에 따라 사람을 쓰되, 한 번 쓰면 과거의 잘못을 묻지 않았다. 촉한의 승상 제갈공명은 자신의 동문들이 조조 밑에서 하찮은 벼슬자리에 머물러 있다는 소식에 "도대체 위에는 얼마나 많은 인재들이 있단 말인가." 하며 탄식했다.

조조는 천하통일이라는 목표를 이루기 위해 사람에게 투자했고, 그들의 능력을 최대한 발휘할 수 있도록 혹독히 부렸다. 학연이나 지연 등 능력 외에 인간적 유대를 중심으로 한 인사는 업무성과의 정체나 후퇴로 이어지기 쉽다. 따라서 조조가 사람을 부리는 방식은 조직의 성과를 달성하는 데 효율적이다.

조조의 냉철함은 외교 분야에서도 빛을 발한다. 이익에 따라 놀라운 유연성을 보여준다. 어제의 원수라도 실익만 있다면 가장 가까운 벗이 되고,

어제의 벗이라도 이해에 거슬리면 칼끝을 들이댔다. 성과 지상주의라는 비난도 기꺼이 감수했다. 그러나 성과를 내기 위해 고군분투해 본 사람이라면 조조의 외교술이 얼마나 어려운 것인지 알 수 있을 것이다. 『삼국지』를 평역한 이문열은 이렇게 표현했다.

> 비정한 힘의 세계에서는 당연한 원리라고는 하지만, 실제 상황에서 그대로 실천하기는 쉬운 일이 아니다. 원수를 잊는 데는 너그러움과 참을성이 필요하고 벗을 버리는 데는 그 나름의 용기와 과단성이 필요하기 때문이다. 범인들의 경우에는 용케 원수를 잊기는 해도 벗을 버리지 못하거나, 벗은 어떻게 저버렸지만 지난날의 원수를 잊지 못해 일관성을 가지지 못한다. 거기다가 그나마 대단치도 못한 의리나 편협한 원한에 사로잡혀 어물거리다가 시기를 놓치기까지 한다.

조조의 용병술은 두려움을 기본으로 한다

그래서 30대 중반까지 나는 조조의 냉철함을 배우려고 무던히도 노력했다. 직장생활은 프로의 세계이고, 프로는 일을 한 만큼 인정을 받는다. 가장 좋은 기자가 무엇이냐는 질문을 받았을 때 "겉으로는 그와 웃지만 언제든지 그의 등에 비수를 꽂을 수 있는 기자"라고 답한 적도 있다. 지금 돌아보면 공격적인 측면을 과장한 답변이었다. 상대에 대한 경계심으로 비정한 세계에서 나는 살아남을 수 있으며, 살아남아야 한다고 애써 주장한 것이었다.

조조는 뛰어난 전략가였던 반면에 고독한 군주였다. 조조는 인재를 쓰는데 경쟁과 두려움을 이용했다. 친구가 1명이라면 적은 100명이었다. 그래서 사람을 부릴 수는 있었으나 사람을 얻을 수는 없었다.

조조는 평소 주위 사람들에게 "나는 누가 칼을 감추고 내 곁으로 다가오면 이상하게 가슴이 두근거린다."고 말했다.

듣는 사람들이 믿어 주지 않자 조조는 다시 꾀를 냈다. 자신을 절대적으로 믿고 따르는 무사 하나를 불러 가만히 말했다.

"너는 여럿이 모였을 때 칼을 품고 내게로 다가오너라. 그러면 내가 가슴이 뛴다며 너를 잡아 문초하게 할 것이다. 그때 너는 겁내지 말고 나를 죽이려 했다고 실토하여라. 네 목숨을 보장할 뿐만 아니라 나중에 높은 벼슬을 주고 네 가족들에게도 후한 재물을 내리겠다."

그 말을 믿은 그 불쌍한 무사는 조조가 시키는 대로 따랐다. 그러나 조조는 그의 실토가 나오기 무섭게 그를 끌어내 목을 베게 했다. 끌려 나가면서도 조조가 어떻게 해주겠거니 믿었던 그 무사는 결국 목이 칼에 떨어지고서야 속은 줄 알았으나 속절없는 일이었다.

공자의 20대손이자 당대 문단의 기린아였던 공융, 이름난 재사였던 예형, 최염, 순욱, 순유 등은 모두 주군이었던 조조의 손에 죽임을 당했다. 이들이 형장의 이슬로 사라진 이유는 자신을 부리는 조조를 두려워하지 않았다는 것이다. 조직원이 리더를 두려워하면 일사분란하게 움직여 평균 이상의 성과를 얻는다. 하지만 그보다 더 큰 목표를 위해 나아가려면 더 큰 두려움으로 채찍질해야 된다. 그래서 두려움을 이용해 효율을 추구하다 결국에는 폭정으로 마무리한 뛰어난 군주들이 역사 속에서 줄줄이 등장한다. 두려움과 효율성이 상승작용을 일으키다 결국 쳇바퀴를 굴리듯 가속이 붙고 말기 때문이다.

유비에게서 희망을 발견하다

마흔을 앞두고 나는 다시 유비에게 마음이 기울어지기 시작했다. 변덕스럽다 싶으면서도 마흔이라는 나이는 홀로 세상을 버티기엔 고독하다는 생각이 들었기 때문이다. 조조를 닮고 싶으면서도 본능적으로 유비에게 끌렸다. 유비는 어려운 상황에도 '희망'을 품게 하는 매력이 있었기 때문이다.

유비는 50대에도 몇 개의 성밖에 거느리지 못했다. 군사를 모을 재물도 없었고, 조조에 비해 지략과 용맹도 부족했다. 정에 이끌려 곧잘 곤경에 빠지기도 했다. 유비는 배신을 일삼아 영주들로부터 외면당했던 여포를 품었다가 곤혹을 치렀다. 원술이 공격해 오자 여포가 원술과 내통해 유비의 가족을 인질로 잡은 것이다. 다행히 원술이 쌀을 보낸다는 약속을 어겨 여포가 유비를 받아들였기 망정이지 가족을 모두 잃을 뻔했다.

인의를 지키려고 굴러들어오는 영토마저 마다하는 답답한 모습을 보인 유비. 친족인 유표가 다스리던 형주를 맡을 기회를 몇 번이나 고사하는 모습만 봐도 답답할 뿐이다. 군주라기보다는 보통 사람 모습이었다.

그럼에도 유비는 우유부단하기보다 강직했다. 부드러운 성품이 곧 우유

...
유비는 대기만성의 표본이다. 그래서 그는
마흔에 이루어놓은 것 없는 보통 사람에게
'희망'을 품게 한다.

부단을 의미하는 것은 아니다. 유비는 눈앞의 이익보다 인의와 예의, 신의 등의 가치를 언제나 지켜야 한다는 강직함을 가지고 있었다. 다만, 그의 가치가 무력이 지배하는 당시 세상과 어울리지 않으니 우유부단하다는 평가를 얻었을 뿐이다. 사실 유비는 결단력도 빨랐다. 영토와 재물보다 옳은 가치를 골랐을 뿐이다. 혹자는 유비가 조조보다 장기적인 이익을 도모했기 때문에 더 계산적이었다고 평가하기도 한다.

결국 유비는 어진 성품과 곧은 신념으로 제갈공명을 얻었다. 유비가 "천하는 크게 어지럽고 사방은 풍운에 휩쓸렸습니다. 내가 공명을 만나려 하는 것은 사방을 평안케 하고 나라를 바로잡을 계책을 듣고자 함입니다."라며 삼고초려를 한 일화는 유명하다. 관우·장비와 의형제를 맺었고, 평생 군신으로서 신의를 지켰다. 마초, 조자룡, 황충 등 수많은 인재도 얻었고, 드디어 촉한의 황제가 됐다.

유비는 대기만성의 표본이다. 크게 뛰어날 것 없어 보이는 유비의 성공은 마흔에 이루어놓은 것 없는 보통 사람에게 '희망'을 품게 한다. 늦은 때는 없다는 가르침이다. 그리고 대의를 품고 이를 저버리지 않으면 제갈공명 같은 인재를 자기 사람으로 만들 수 있는 것도 알려준다.

강렬한 성공의 경험을 함께 하면 사람을 얻게 된다

조조가 사람을 부린다면 유비는 사람을 얻는다. 조조가 인재를 쓴다면 유비는 인재로부터 배운다. 조조가 인재에게 명령을 내린다면 유비는 인재에게 묻는다. 조조는 말하고 행동하는 능력이 있다면 유비는 듣고 수용하는 능력이 있다. 유비는 평생 인간에 대한 믿음을 포기하지 않았다.

조조와 유비를 보면 "갈대는 다시 일어서고 나무는 부러진다."는 말이 새삼스럽게 가슴에 콕 박힌다. 같은 이유로 유비에게 마음이 간다. 부리는 사람은 대가를 줘야 한다. 거래 관계가 성립돼야 한다. 인재는 더 좋은 보상을 얻기 위해 언제든지 회사를 떠날 준비가 되어 있다.

반면, 사람의 마음을 얻은 사람은 생사고락을 함께한다. 함께 나아가는 것이 모두에게 노력의 대가가 되고, 함께 실패하면 함께 책임을 진다. 회사에서 용맹한 장수 같은 이가 문약한 선비 같은 이에게 자리를 빼앗기는 경우, 진 장수는 사람을 부리되, 이긴 선비는 사람을 얻었기 때문이다.

사람을 얻고 함께한다는 것은 다소 시끄러울 수밖에 없다. 우왕좌왕하고, 서로 충돌하고, 갈등이 생긴다. 자유분방한 사고와 행동으로 배가 산으로 가서 급기야는 산을 넘어버리는 경우도 생긴다. 하지만 부유물이 가라앉으면 맑은 물이 고이듯 늘 성과를 보장하지는 못하지만 누구도 상상하지 못한 성과를 거두는 아름다운 장면들도 연출된다. 강렬한 공동의 경험은 그 과정을 함께한 모든 이들에게 잊을 수 없는 순간을 선물한다. 칭찬이나 꾸지람으로 잠시나마 고래를 춤추게 할 수 있지만, 믿음만이 오랜 기간 고래를 옆에 둘 수 있는 것처럼 말이다.

유비처럼 사람을 얻느냐, 조조처럼 사람을 부리느냐의 차이는 결국 인간에 대한 믿음이 있느냐 없느냐의 차이가 아닐까. 우리에게 칭찬은 연봉 상승이고, 꾸지람은 상관의 일방적인 명령이다. 칭찬과 꾸지람은 오늘 한 시간 더 회사에 더 머물게 할 수 있는 동기가 된다. 만일 상사가 나를 믿는다면 오늘 한 시간 더 일하지 않더라도 나를 필요로 할 때에 며칠 밤을 샐 것이다.

믿음은 골프 게임이나 술 몇 잔으로 이루어지지 않는다. 미천한 재능을 나누고, 후배나 선배와 함께 발전하는 경험을 나누어야 한다. 30대에 '나' 스스로의 발전을 위해 시간을 쏟았다면, 40대는 '우리'를 위해 시간과 노력을 사용하고 싶다. 내가 누군가를 부리면 누군가도 나를 부린다. 내가 누군가를 얻으면 그도 나를 얻은 것이다.

작품 『삼국지 三國志』
저자 나관중(羅貫中)
고전 판본 이문열 평역, 민음사

1368년(추정) 작. 저자의 정확한 출생지와 생존 기간은 불분명하며 하급관리였던 것으로 추정된다. 『삼국지』는 진나라의 관리 진수(陳壽, 233~297)가 저술한 정통 역사서에서 시작됐다. 수(隋)·당(唐)·송(宋)·원(元) 시대를 거치면서 역사서는 민담, 연극 등으로 전승됐고, 허구적 내용을 포함했다. 또 역사서 삼국지도 사학자들에 의해 내용이 보충되면서 내려왔다. 이후 원나라가 망하고 명(明)나라가 시작되던 혼란기에 저자의 『삼국지연의』가 탄생했다. 저자는 진수의 역사서와 위진남북조시대의 사학자인 배송지(裵松之, 372~451)가 저술한 『삼국지주 三國志註』를 기본서로 삼았다. 하지만 희곡, 민담, 전설 등 허구적 이야기를 포용해 소설로 엮었다. 작가 이문열이 평역한 『삼국지』는 나관중의 소설을 따랐지만 소설적 재미를 위해 재구성과 변형을 했다. 시나 평문을 가감하거나 본인의 것으로 대체했고, 제갈량 사후의 이야기를 크게 줄였다.

모성의 숭고함

펄 벅, 「대지」

어려서 아침에 눈을 뜨면 엄마는 밥을 짓고 있었다. 김이 모락모락 올라오는 밥 내음이 잠을 깨우곤 했다. 대가족의 아침밥을 차리며 도시락을 챙겨 가방에 넣어주느라 엄마의 아침은 언제나 분주했다. 학교에서 돌아오면 엄마는 빨래를 하고 있었다. 빨래판에 흰 빨래를 북북 밀고 있는 엄마의 어깨는 무거워 보였다. 시어머니를 모시고 살았고 드나드는 손님이 많았던 탓에 엄마는 하루 종일 부엌에서 떠나지 못했다. 밤이 돼도 일은 끝나지 않았다. 마루에 마른 걸레질을 하고 난 다음에야 방에 들어갔다. 설과 추석까지 포함하면 1년에 열두 번 제사를 지냈다. 제사가 다가오면 엄마는 새로 김치를 담갔다. 시린 손을 비비며 김치를 절이던 엄마의 모습이 선하다.

세상에서 가장 가난했던 우리네 엄마들

공부가 하기 싫어 꾀를 부릴 때면 "엄마처럼 살고 싶냐."며 호되게 야단을 쳤다. 나는 울먹이면서도 엄마의 말을 반박하지 못했다. 엄마처럼 살고 싶지 않았으니까. 온 종일 허리 한 번 펴지 못하고 일만 하고 싶지는 않았다. 남을 돌보느라고 나를 돌볼 시간이 없다는 것도 우습게 느껴졌다. 결단코 나를 잃어버리지는 않으리라고 다짐했다. 철없던 시절에는 엄마의 삶을 바꾸고 싶어서 미칠 것 같았다. 엄마에게 다른 삶을 선물하고 싶어서 안달을 했다. 엄마의 삶에는 뭐가 남았냐고 대든 적도 있었다. 그러면 엄마는 "자식이 남았잖니."라고 대답하며 슬프게 웃었다.

여느 엄마라고 달랐을까. 골목을 나서면 팍팍한 삶을 꾸려나가기 위해 분주한 엄마들과 늘 마주치곤 했다. 전쟁통에 태어나 배우지 못한 엄마들, 누구나 가난했지만 엄마는 더 가난했다. 자식에게는 더 나은 삶을 물려주기 위해 악착같이 가르쳤다. 어두일미(魚頭一味)라며 생선머리에 붙지도 않은 살점을 끼적거렸던, 콩나물 가격 100원을 깎으려고 창피한 줄 모르고 언성을 높이던 어느 집안에나 있을 법한 엄마 말이다.

결과적으로 나는 엄마처럼 살지 않았다. 적어도 아이를 낳기 전까지는 분명히 그랬다. 아이를 낳기 전까지 엄마가 아니었으니, 당연한 일인지도 몰랐다. 엄마처럼 살지 않겠다고 다짐하며 불끈 쥐었던 주먹을 슬며시 놓게 된 것은 아이를 낳으면서 엄마가 된 후부터였다. "너도 자식 낳아봐라."라는 엄마의 말은 빈 말이 아니었다. 엄마가 달리 보이기 시작했다.

소설 『대지』, 오란의 삶

펄벅의 소설 『대지』에 등장하는 오란은 전형적인 우리네 어머니들의 삶을 대변한다. 『대지』는 빈농 왕룽이 대지주가 되기까지 일평생을 그린 소설이다. 왕룽의 마지막 대사인 "우리는 땅에서 왔고 우리는 그 땅으로 돌아가야만 해. 아무도 너희한테서 땅을 빼앗지 못해."가 말해 주듯 땅을 사랑하고, 때론 땅과 투쟁하는 농부의 치열한 삶을 담고 있다. 이 때문에 『대지』는 아버지에서 아들로 이어지는 남자의 이야기로 읽혔다. 그러나 『대지』를 다시 읽으며 나의 시선은 줄곧 숨은 주인공인 한 여자를 따라가고 있었다. 나에게 『대지』는 왕룽의 이야기가 아니라 오란의 이야기였다. 농부의 이야기가 아니라 종년의 이야기였다. 아버지의 이야기가 아니라 어머니의 이야기였다.

소설 『대지』는 중국 청나라 말기부터 중화민국 탄생 직전까지 중국 근대사의 격동기가 배경이다. 소설은 찢어지게 가난했던 농부 왕룽이 동네 부잣집 계집종인 오란을 신부로 맞이하는 장면으로 시작한다. 실상 왕룽의 집안이 일어선 것은 헌신적으로 온몸을 바쳐 일한 오란 덕분이다.

왕룽이 처음으로 황씨 댁 땅을 살 때, 값을 지불할 은화를 마련할 수 있었던 것은 묵묵히 안팎으로 일한 오란 덕분이었다. 오란은 아들 둘과 딸 하나를 혼자 힘으로 낳았고, 극심한 가뭄으로 굶주리던 왕룽 가족이 남쪽으로 내려갈 차비를 마련했으며 굶어죽지 않기 위해 아들의 뺨을 갈겨 구걸을 시켰고, 다시 고향으로 돌아와 땅을 살 수 있는 보석을 얻었다. 엄마의 끈질긴 생명력에서 가족은 다시 소생했다.

그러나 가족에게 헌신한 여성일수록 버려지기 쉽다는 것은 널리 알려진 '불편한 진실'이다. 엄마의 헌신은 위기의 상황에서는 빛을 발하지만, 평온한 일상에서는 단지 염치없는 촌스러움이 되고 만다. 우리는 힘든 시기를 어떻게 건너왔는지 쉽게 잊어버리기 때문이다.

땅이 생기고 수확이 늘고 돈을 벌면서 왕룽은 변하기 시작했다. 왕룽은 새 여자를 만나 소실로 집에까지 들인다. 왕룽의 시각에서 쓰인 소설 『대지』에서 오란의 감정이 직접적으로 묘사되지는 않는다. 인생의 아픔과 회한을 절대 드러내지 않는 우리의 엄마들처럼, 오란 역시 아픈 가슴을 부여잡을 뿐이다.

그래서 펄 벅은 오란이 느낀 배신의 슬픔에 대해 "그래서 마침내 어느 날 아침 오란이 눈물을 흘리며 큰 소리로 울었는데, 그들이 굶주리던 때나 그 어느 때도, 지금까지 왕룽은 그녀가 우는 모습을 본 적이 없었다."고 한 문장으로 표현했다. 아픔을 참아내던 둑이 무너진 것을, 그 복잡하고 많은 사연을, 누가 쉽게 말과 글로 옮길 수 있을까.

오란은 큰아들의 결혼식 날 숨을 거둔다. 오란은 죽음을 앞두고 "내 며느리야, 네 남편과 시아버지와 시할아버지와 마당의 가엾은 백치를 돌봐줘야 한다."고 부탁한다. 땅은 아버지가 아들에게 물려주었을지 모르나, 가족은 어머니로부터 며느리가 인계를 받는다. 모성은 역사를 움직이는 보이지 않는 힘이었다.

엄마 흉내라도 낼 수 있으면 좋겠다

오란의 삶이나 우리네 어머니들의 삶을 보면 엄마는 대지다. 자식에게 생명을 불어넣는 땅이다. 왕룽이 늘 '우리는 대지로 돌아가야 해'라고 다짐했던 것은 대지가 엄마의 품과 같기 때문일 것이다. 엄마는 대지처럼 한결같이 우리를 거두고 키우고, 떠남을 나무라지도 않는 넉넉함을 지녔다. 혁명기도 아니고 전쟁통도 아니다. 보릿고개도 옛말이다. 분명 시대는 발전했고, 살림은 나아졌다. 그러나 여전히 우리는 엄마 없이는 앞으로 나아가지 못한다. 그리고 깨닫게 된다. 나는 엄마처럼 살 수 없다는 것을. 우리 시대의 엄마는 강한 엄마였다. 탁월한 엄마였다. 마흔 즈음의 엄마들이 우리들의 엄마를 흉내라도 낼 수 있다면 감사할 일이다.

작품 『대지 The Good Earth』
저자 펄 벅(Pearl buck, 1892~1973)
고전 판본 안정효 번역, 문예출판사

땅을 사랑하는 가난한 농부 왕룽과 그 아들들, 손자들로 이어지는 3대에 걸친 이야기. "소설은 그림, 자서전은 사진이다."라는 작가 펄 벅의 말처럼 『대지』는 중국인의 삶이 섬세하게 응축된 그림이다. 1931년 출판된 후 이듬해에 퓰리처상을 수상했고, 1938년에는 노벨문학상을 받은 작품으로 펄 벅은 신해혁명 등 중국의 격동기를 직접 목격하고 이를 고스란히 소설에 담았다.

『대지』의 등장인물 오란에 대한 작가의 애정이 느껴지는 것은 작가 주변의 여성들 역시 불행했기 때문이다. 작가의 중국인 유모는 전족을 했고, 어머니는 엄격한 선교사와 결혼해 순종적으로 살았다. 작가 역시 자신의 성공에만 몰두했던 남편(John L. Buck) 때문에 외로웠다. 결국 남편과 이혼한 후, 발달장애아인 딸 캐럴을 홀로 키웠다. 이런 고통을 이겨내기 위해 글을 썼다고 작가는 고백했다. 1964년 작가는 '펄벅 재단'을 세워 버림받은 혼혈아의 입양을 주선하는 등 사회적으로 모성을 실천했다.

...
그리고 깨닫게 된다.
나는 엄마처럼 살 수 없다는 것을.
우리 시대의 엄마는 강한 엄마였다.
탁월한 엄마였다.
마흔 즈음의 엄마들이
우리들의 엄마를 흉내라도 낼 수 있다면
감사할 일이다.

02

젊은 날의
화두에
말 걸기

싱클레어가
다시 찾아왔다

헤르만 헤세, 「데미안」

한 사람 한 사람의 삶은 자기 자신에게로 이르는 길이다. 길의 추구, 오솔길의 암시다. 일찍이 그 어떤 사람도 완전히 자기 자신이 되어본 적은 없었다. 그럼에도 누구나 자기 자신이 되려고 노력한다. 어떤 사람은 모호하게 어떤 사람은 보다 투명하게, 누구나 그 나름대로 힘껏 노력한다. 누구든 출생의 잔재, 시원(始原)의 점액과 알 껍질을 임종까지 지니고 간다.

강한 울림을 주는 서문에 이어 싱클레어가 동네 소년 프란츠 크로머에게 사과를 도둑질했다는 허풍을 떨면서 시작되는 『데미안』을 처음 읽던 날, 나는 늘 공정하고 따스했던 아버지와 어머니의 품 너머에 있는 새로운 세상에 눈을 떴다. 싱클레어와 그 타락하고 비열한 세상을 함께 엿보았고, 동화 속 선악의 이분법과 권선징악의 법칙은 '어린이의 세계'에서만 통용

된다는 것을 깨달았다. 그리고 싱클레어가 그랬듯이 내면으로부터 '알을 깨라'는 소리를 듣기 시작했다.

누구도 어른이 되는 법을 가르쳐 주지 않았다

그 무렵, 내 가슴은 봉긋 솟아오르기 시작했다. 동년배보다 발육이 빠르지는 않았지만 몸은 어른이 되어가고 있었다. 그 나이 또래가 몸이 '성장'하고 정신이 '성숙'하는 시기라면, 분명 내 몸은 성장하고 있었지만 정신은 성숙하는 걸 두려워했다. 누구도 어른이 되는 법을 가르쳐 주지 않았다. 성장하는 내 몸은 알을 깨고 성숙하라고 소리쳤지만, 도무지 그 방법을 알 수 없었다. 또 몸이 커지면 맞는 옷을 새로 사면 그만이지만, 정신이 성숙해지려면 무엇이 더 필요한지도 몰랐다. 아니, 무엇을 위해 성숙해야 하는지도 몰랐다.

싱클레어가 말하듯 '너무 낯익었던 어머니라고 하는 세계이자 아버지라고 하는 세계'에서 벗어나고 싶었지만 선뜻 용기가 나지 않았다. 그럼에도 밝은 세계와 어둠의 세계, 금욕의 세계와 탐욕의 세계를 오가며 방황하던 싱클레어가 그랬듯이 나도 '착한 아이'인 척하면 얻을 수 있는 많은 보상을 포기했다. 옳은 일만 하면 원하는 것을 얻던 단순한 세상에서 모두의 이익이 충돌하고 갈등하는 곳으로 걸어갔다.

결국 그 나이 때 많은 이들이 그랬던 것처럼 '질풍노도의 시기'를 거치면서 나 역시 세상 밖으로 나왔다. 하지만 스스로 세상 밖으로 힘껏 발을 내디뎠다기보다는 시간에 떠밀려 세상 밖으로 밀려 나왔다고 말하는 편이 훨씬 더 솔직한 표현이다. 마음속 혼란을 해결하지 않은 채, 너무도 빨리 성장한 몸이 서둘러 뛰어가는 바람에 성년의 문을 지나치고 말았다.

몸이 불어났기 때문에 알은 깨졌을지 모르지만, 불행히도 마흔이 된 지금도 나는 스스로 알을 깨는 방법을 모른다. 이제야 스스로 알을 깨는 새가 되려 하니, 나에게 마흔은 제2의 사춘기나 마찬가지다.

태어나려고 하는 자는 하나의 세계를 파괴해야 한다

새는 알에서 나오려고 한다.

알은 새의 세계다.

태어나려고 하는 자는 하나의 세계를 파괴하지 않으면 안 된다.

새는 신을 향해 날아간다.

그 신의 이름은 아프락사스라고 한다.

청춘의 한때, 누구나 한 번쯤은 변주했을 법한 너무나 유명한 구절이다. 데미안이 싱클레어가 그린 그림을 보고 보낸 답장 전문이다. 헤르만 헤세는 싱클레어의 방황을 길게 묘사한다. 선과 악 사이에서, 쾌락과 금욕 사이에서 고뇌하던 싱클레어는 마침내 방황을 끝낸 뒤, 한 마리 새를 그렸다. 어마어마하게 큰 알에서 빠져나오려고 버둥거리는 매였다. 나는 싱클레어의 붓이 가는 대로 함께 따라 그리며, 내 옆구리에서도 날개가 돋는 듯한 기분을 느꼈다.

싱클레어는 밝음과 어둠이 엎치락뒤치락하는, 선과 악이 명확히 구별되지 않는 세상으로 나왔다. 내면에서 분열된 자아가 통합된 순간, 싱클레어는 데미안과 하나가 된다. 데미안은 싱클레어가 이루고자 했던 또 하나의 자아인 셈이었다.

헤르만 헤세가 말했듯이 새로 태어나려고 하는 자는 지금 안주하고있는 세계를 파괴해야 한다. 그 정도의 간절한 마음과 노력 없이 변화되기란 어렵다. 새가 알을 깨는 고통을 느끼지 않고서 세상 밖으로 나올 수 없듯, 사람 역시 어떠한 일을 성취하기 위해 그만큼의 고통을 느끼고 인내해야 한다. 새는 아프락삭스라는 신을 향해 날아가듯 사람 역시 저마다의 목표를 이루기 위해 비상하고 있다. 그런데 싱클레어처럼 옆구리에 돋는 날개를 느끼면서도 내가 혹은 우리가 비상하지 못했다면 지금의 안락함을 파괴하지 않았기 때문이다. 나는 새로운 것들을 얻기 위해 그전에 가졌던 모든 것을 파괴하고 버리는 데 서툴렀다. 파괴보다 타협이 현명하다고 배웠고, 그저 남들이 내준 숙제를 최선을 다해 풀어왔다.

그래서 매순간 허들을 넘는 기분이었다. 성공하기 위한 삶의 통과의례를 지나기 위해 나는 고군분투했다. 나의 기준이 아닌 주변의 기준에 맞춰 살기 시작한 것은 아마 그날부터였을 것이다. 내가 "난 대학에 가는 대신 빵집을 할 거야."라고 내뱉자 엄마는 한숨을 내쉬더니 버럭 화를 내며 잔소리를 늘어놓으시려 했다. 그러더니 이내 엄마의 눈에 눈물이 그렁그렁 고였다. 며칠간 얼마나 속을 태웠는지 엄마의 표정이 어두웠다. 그제야 나는 하지 말아야 할 이야기를 했다는 것을 깨달았다.

공부를 해야 하는 이유를 찾지는 못했지만, 공부를 그만둬서는 안 되는

...
누구도 어른이 되는 법을 가르쳐 주지 않았다.
성장하는 내 몸은 알을 깨고 성숙하라고 소리쳤지만,
그 방법을 알지 못했다.
지금도 마찬가지다.
젊은 날의 화두가 다시 말을 걸어오는 마흔은
그래서 제2의 사춘기이다.

이유는 찾았다. 누군가를 실망시키지 않기 위해서, 새벽별을 보고 등하교를 했다. 10분 단위로 시간을 쪼개가며 문제집을 풀었다. 그렇게 나는 돋아나오던 나의 날개를 대학에 가면 펼칠 것이라면서 접어두었다.

하지만 대학에 들어갔어도 여전히 알을 깨지 못했다. 대학시절 공부는커녕 제대로 놀아보지도 못했다. 졸업만 하면 그럭저럭 취직이 되던 시절이었다. 1997년 외환위기가 일어나기 전까지는 토익 점수가 300점 대였던 대학 선배가 대기업에 들어갔다는 소식도 들었다. 졸업을 앞두고 수십 군데 원서를 썼지만 영어 점수조차 변변치 않은 사회과학대 졸업생을 달가워하는 기업은 없었다. 작은 리서치 회사를 5개월 정도 다닌 뒤 그만뒀다. 대학원에 진학을 했고, 스물아홉 살에 간신히 취직을 했다. 결혼을 했고 아이를 낳았다.

'남들처럼 살지 않겠다'고 다짐하던 열다섯 살 소녀는 '남들처럼 사는 것이 얼마나 힘든 것인 줄 아냐'고 반문하는 아줌마가 된 것이다. 그간 새로운 지식을 얻었고 새로운 사람을 만났다. 삶의 밝은 면과 어두운 면을 보았고, 가족과 직업도 얻었다. 그러나 '정말 네가 원하는 삶이니'라고 묻는다면, 대답할 수가 없다.

우리 곁에 데미안이 있어 다행이다

알을 깨는 것은 내면에 귀를 기울이는 것이다. 나를 가두던 세상의 논리나 법칙에서 나를 풀어주는 행위다.

인생의 통과의례에 허덕이며 살아가는 내가 이제 와서 알을 깨고 비상하려 하는 것이 사치스러운 투정일지도 모른다. "인간에게 있어서 자기 자신에게로 다가서는 일보다 더 어려운 일은 없다."는 데미안의 말처럼, 나는 어쩌면 평생 알을 깨지 못할 지도 모른다. 그러나 성찰할 기회조차 갖지 않는다면 마지막 죽음을 앞둔 순간에는 반드시 후회할 것 같다. 우리는 세상의 많은 일들을 놓고 고민하는 데 그토록 많은 시간을 할애하면서, 왜 나를 놓고 고민하는 데는 인색한 것일까. 헤세가 『데미안』을 발표한 때는 1919년, 마흔을 갓 넘은 나이였다. 그는 『데미안』 서문에서 "절로 우러나오는 것 외에는 그토록 삶을 원하지 않았다. 어째서 그것이 그다지도 어려웠을까."라고 고백했다. 마흔을 앞둔 나는 절로 우러나오는 삶을 절실히 원한다.

"싱클레어 잘 들어. 나는 떠나게 될 거야. 너는 나를 어쩌면 다시 한 번 필요로 할 거야. 크로머에 맞서든 혹은 그 밖의 다른 일이든 뭐든 그럴 때 네가 나를 부르면 이제는 나는 그렇게 거칠게 말을 타고 혹은 기차를 타고 달려오지 못해. 대신 자신 안으로 귀 기울여야 해. 그러면 알아차릴 거야. 내가 네 안에 있다는 것을."

이 작품의 마지막 구절에 데미안이 싱클레어에게 말한 것처럼 나는 지금 간절하게 데미안이 그립다. 평균 수명 100세 시대에 성장은 사춘기 시절의 고민만이 아니라 평생의 화두가 되었다. 이처럼 두 번째 사춘기 역시 『데미안』과 함께 시작됐다. 우리 곁에 데미안이 있어 정말 다행이다

작품 「데미안Demian」
저자 헤르만 헤세(Hermann Hesse, 1877~1962)
고전 판본 김성호 번역, 청목

1919년 작. 세계대전으로 중상을 입은 싱클레어가 삶의 길잡이인 데미안의 도움으로 내적 성장에 이르는 과정을 고백하는 구조로 이루어진 성장소설의 고전. "내 속에서 솟아나오려는 것, 바로 그것을 나는 살아보려고 했다. 왜 그것이 그토록 어려웠을까."라는 짧은 제사(題詞)가 이 성장소설의 문제의식을 압축한다. 제1차 세계대전 직후 패전으로 말미암아 혼미상태에 빠져 있던 독일의 청년들에게 깊은 감명을 주었으며, 문학계에도 일대 센세이션을 일으켰다. 데미안이란 말은 데몬(Dämon)과 같은 뜻으로 '악마에 홀린 것'이라는 뜻에서 유래한다. 헤세가 작품 속 주인공 이름으로 가명 출판했다가 1년 뒤부터 자신의 이름으로 출판했다.

『데미안』에는 헤세의 경험이 담겨 있다. 1877년 목사 집안에서 태어난 헤세는 엄격하고 경건한 학교 교육에 잘 적응하지 못했다. 열두 살 때부터 시인이 되기를 꿈꿨지만, 길을 찾지 못해 학교를 중퇴하고 책방 점원으로 일하며 방황했다. 초기 시집은 주목받지 못했고, 1904년 발표한 소설 『페터 카멘친트Peter Camenzind』로 명성을 얻기 시작했다. 제1·2차 세계대전을 반대해 조국 독일로부터 배신자라는 비난을 받기도 했다. 그는 "모욕적인, 욕설이 담긴 편지가 쏟아졌다."고 회고했고, 정신적으로 쇠약해졌다.

1923년에 스위스 시민권을 취득했다. 노벨상 수상 소감에서 "다양한 인종과 사람, 언어, 세계관이 공존한다는 것이 얼마나 멋진가."라고 밝힌 것처럼 그는 죽을 때까지 민족과 국가를 넘어 세계 평화를 꿈꾸는 인본주의자로 살았다.

도전이 두려운 마흔들의 멘토, 산티아고

어니스트 헤밍웨이, 「노인과 바다」

"히말라야를 올라본 사람이나, 평생 산에 가본 적이 없는 사람이나 평지를 걸으면 똑같아 보이지. 정상에 올랐을 때 찍은 증명사진을 가슴에 달고 다닌다면 모를까."

취재 중 만났던 산악인 엄홍길 씨는 이런 말을 한 적이 있다. 히말라야와 같은 험준한 산을 올랐던 사람과 오르지 못했던 사람 모두 평지에 서 있으면 구별할 수 없다고. 이처럼 평소 우리는 경험이 쌓인 지혜로운 자와 미숙한 자를 구별할 수 없다.

등산뿐만이 아니다. 처음 붓글씨를 배울 때 스승은 힘주어 쓰라고 가르치지만, 어느 정도 궤도에 오르면 다시 힘을 빼고 글씨를 쓰라고 가르친다. 수영도 마찬가지다. 처음 시작할 때는 팔과 다리에 힘을 빼라고 가르침을 받아도 자꾸 힘이 들어가지만, 수영 고수가 되면 자연히 힘을 뺀 몸으로 물고기처럼 수영을 한다.

그러고 보면 유명한 화가의 추상화를 보고 유치원생 그림 같다고 우스갯소리를 하는 것은 영 틀린 말이 아니다. 서예가나 수영 선수, 또는 큐레이터가 아니라면 고수와 초보의 그 보이지 않는 차이점을 발견할 수 없으니 말이다. 나는 그의 말을 들으며 '그렇다면 열심히 산다는 것은 무슨 의미가 있을까'라는 허탈함을 느꼈다. 물론 그가 말하고자 한 바는 고수와 초보자 사이에는 보이지 않는 차이가 있다는 것이다. 하긴 고수가 되기까지 거쳐야 했던 극한 경험은 내면에 차곡차곡 쌓여 있으리라.

헤밍웨이의 『노인과 바다』를 읽으면서 엄홍길 대장을 떠올린 것은 허망한 줄거리 때문이었다. 『노인과 바다』의 줄거리는 매우 단순하다. 오랫동안 단 한 마리의 고기도 잡지 못한 어부가 평생 한번 만날까 말까 하는 거대한 청새치를 잡았다. 그러나 그는 사투 끝에 잡은 청새치를 상어에게 전부 뜯어 먹히고 결국 앙상한 뼈만 가지고 집으로 돌아온다. 그는 출발할 때와 다름없이 여전히 빈손으로 돌아온 것이다.

십대 시절에는 1,500파운드가 넘는 청새치를 잡고도 고기 한 조각도 얻지 못한 노인이 안쓰럽게 느껴졌다. 그러면서도 내심 빈손으로 돌아온 노인보다는 그 노인을 비웃고 조롱하는 젊은 어부들의 편에 서 있었다. 그러나 세월이 흘러 다시 만난 산티아고 노인은 그때와는 확실히 다르다. 경험이 쌓인 지혜로운 자와 미숙한 자를 구분할 줄 알게된 덕분이다.

다시 만난 일흔의 노인 산티아고

노인은 멕시코 부근에서 조각배를 타고 홀로 고기잡이를 한다. 84일 동안 노인은 빈손이었다. 결국 친한 벗이자 동료였던 소년도 떠나버렸다. 소년의 부모가 노인이 최악의 불운을 만날 것이라며 소년으로 하여금 다른 배를 타게 한 것이다. 85일째 되던 날, 노인은 여느 때보다 일찍 바다로 나간다.

> "하지만 누가 알아? 오늘이라도 운이 트일지? 매일 매일이 새로운 날인 걸. 운이 있다면야 물론 더 좋겠지. 하지만 우선 정확하게 하겠어. 그래야 운이 찾아왔을 때 그걸 놓치지 않을 테니까."

노인의 독백에서 84일 동안의 불운을 묵묵히 받아들이면서도 희망을 버리지 않겠다는 다짐을 읽을 수 있다. 저녁이 다가올 무렵, 노인은 드디어 거대한 청새치와 조우한다. 길이가 무려 5.5미터나 되는 청새치였다. 이처럼 큰 청새치를 노인은 난생 처음 보았다. 노인은 작은 배를 끌고 도망가려는 청새치와 밀고 당기며 사투를 벌였다. 밤낮으로 싸우던 노인은 뼛속까지 지쳤지만, 나약해질 때마다 끊임없는 독백으로 스스로에게 용기를 불어넣었다.

> "이보게, 늙은이, 자네나 두려워 말고 자신감을 갖게."
> "고통쯤이야 사내에겐 별거 아니지."
> "난 견딜 수 있어. 아니, 반드시 견뎌내야 해."

마침내 사흘째 되던 날, 노인은 작살로 대어의 심장을 찔러 배에 붙잡아 맸다. 평생에 걸쳐 가장 도전적인 작업에서 노인은 승리했다.

노인과 바다의 행간을 누비다

『노인과 바다』가 고전의 반열에 오른 것은 아마도 노인이 청새치를 잡은 다음 이야기 때문일 것이다. 헤밍웨이는 노인이 대어를 낚은 성공담으로 이야기를 마무리하지 않았다. 대어를 잡아 항구로 향하던 노인은 상어 떼를 만나 상어에게 고기를 다 떼어 먹히고 결국 앙상한 뼈만 남은 청새치를 가지고 돌아온다. 이러한 장면은 아마 헤밍웨이 자신의 처지가 반영됐을지도 모르겠다. 당시 헤밍웨이는 『누구를 위하여 종은 울리나』 이후 10여 년이 넘게 이렇다 할 작품 없이 작가로서 긴 침체기에 빠져 있었다. 그는 짧은 승리 이후 긴 패배가 이어지는 것이 인생임을 누구보다 잘 알고 있을 터였다.

노인은 손이 피투성이가 되도록 상어에게 맞섰다. 단지 물고기를 지키기 위해서가 아니었다. 어부로서 자존감을 잃지 않으려는 처절한 몸부림이었다. 그것은 평생을 보낸 바다 한가운데서, 업으로 삼은 고기잡이를 통해 자신의 존재를 입증하려는 저항이었고, 희망을 버리지 않는 성숙한 태도였다.

희망을 버린다는 건 어리석은 일이야, 하고 그는 생각했다. 더구나 그건 죄악이거든. 죄에 대해서는 생각하지 말자, 하고 그는 생각했다. 지금은 죄가 아니라도 생각할 문제들이 얼마든지 있으니까. 게다가 나는 죄가 뭔지 아무것도 모르고 있지 않은가. 난 죄가 뭔지 아무것도 모르고 있는 데다 죄를 믿고 있는지도 확실하지 않아. 고기를 죽이는 건 어쩌면 죄가 될지도 몰라. 설령 내가 먹고살아 가기 위해, 또 많은 사람들을 먹여 살리기 위해서 한 짓이라도 죄가 될 거야. 하지만 그렇게 되면 죄 아닌 게 없겠지. 죄에 대해서는 생각하지 말기로 하자. 그런 것을 생각하기에는 이미 때가 너무 늦었고, 또 죄에 대해 생각하는 일로 벌어먹고 사는 사람도 있으니까 말이야. 죄에 대해선 그런 사람들에게 맡기면 돼. 고기로 태어난 것처럼 넌 어부로 태어났으니까.

다시 모든 것을 잃었다. 자신이 어부로 태어났다는 사실만 빼고 말이다. 그러나 노인은 청새치에 대한 미련을 갖지 않았다. 상어에 대해 분노도 품지 않았고, 자신의 불운도 원망하지 않았다. 그저 일상으로 돌아왔을 뿐이다. 깊은 잠에 빠진 노인은 아프리카 사자의 꿈을 꾼다. 죽음 직전까지 갔지만 마치 아무 일도 없었던 것처럼. 아니 거대한 청새치를 잡아 금의환향한 어부처럼. 마흔을 앞두고 다시 읽은 『노인과 바다』에서 내 마음을 사로잡은 부분은 바로 이 부분이었다.

마흔의 사투는 달라야 한다

젊은 날, 무언가를 성취하기 위해 질주했다. 출발 지점보다는 멀리 와 있어야 했다. 화가는 그림으로, 가수는 노래로, 의사는 수술로……. 자신이

도달한 어딘가를 보여주기 위해, 자신의 능력을 입증하기 위해 경주한다. 가끔은 문서로 된 증명서도 필요하다. 졸업장이나 자격증, 상장 따위 말이다. 마을 사람들이 노인이 잡은 물고기에 붙은 살점에만 관심이 있듯이 우리는 다른 사람에게 붙은 딱지에만 관심을 둔다. 정상에 깃발을 꽂고 찍은 사진이 없다면 히말라야를 정복한 것이 아닌 게 되는 것처럼 말이다. 그러나 자신은 안다. 자신과의 싸움에서 이긴 경험은 나를 변화시킨다는 것을. 남에게 보여줄 수 없을지라도 말이다.

마흔이라는 분기점에 섰다. 사투의 순간을 기다리고 있다. 그건 나를 수치화한 증명서 따위로는 싸울 수 없는 순간일 것이다. 지금까지 남에게 인정받기 위해, 나의 능력을 증명하기 위해 애쓰면서 살아왔다면 이제부터는 달라져야 한다. 노인이 청새치를 잡았다가 상어에게 전부 빼앗기고도 절망하거나 분노하지 않은 것은 어부로서 최고의 경지를 경험했기 때문이다. 노인은 자신의 승리를 남에게 증명할 수 없을지라도 최고의 순간을 경험했으므로 충분히 만족스러웠을 것이다.

마흔이 넘으면 오르막길보다 내리막길을 준비해야 한다. 그래서 외롭다. 조각배를 타고 끝없는 바다 한가운데에서 대어와 홀로 싸웠던 노인처럼. 두렵다. 마흔이 넘어 젊은 날을 바쳤던 일에서 아무것도 얻지 못하게 될까 봐. 노인은 84일간 물고기 한 마리도 잡지 못하자 이웃들로부터 외면을 당했다. 우리는 인생이라는 망망대해 한가운데 던져졌다. 집으로 돌아갈 시간이 다가온다. 작아지고 나약해지는 나에게 노인은 속삭인다.

"인간은 패배하지 않는다. 인간은 파괴될 수는 있지만 패배하지 않는다."

("But man is not made for defeat," he said. "A man can be destroyed but not defeated.")

그리고 나는 이렇게 노인에게 답한다.

"인간은 패배할 수 있다. 하지만 패배를 딛고 일어설 수가 있다. 도전하는 한 인간은 진정으로 패배하지는 않는다."

새로운 시작을 앞둔 이들에게 문학이 주는 위로

돌이켜 보면 10대와 20대 때에는 길을 잃거나 마음이 답답할 때는 책을 찾았다. 하지만 30대가 되어서는 책을 읽고 답을 찾기보다는 현실을 망각하려고 했던 것 같다. 책 속의 이야기들은 현실과 동떨어진 이야기라고 외면했다. 어쩌면 인생의 정답을 찾는 노력을 쉽게 포기했다. 문학은 정답을 알려주지는 않지만 위로를 해 준다는 사실을 깜빡 잊고 살았다.

문학은 인생을 보는 시각을 달리할 수 있도록 돕는다. 내 앞을 가로막은 것이 높은 장벽이 아니라 도움닫기를 충분히 한다면 넘을 수 있는 허들로 여겨지게 만든다. 발걸음을 뗄 수 없게 하는 현실의 무게를 새털처럼 가벼워지게 하기도 한다. 인생을 보는 시선이 달라지면 나를 둘러싼 세계도 바뀐다. 이것이 문학이 가진 힘이다. 『노인과 바다』의 어부 산티아고는 인생의 반을 힘차게 살아갈 수 있는 용기를 줬다. 결국 빈손으로 돌아가더라도 치열하게 살아야 한다는 걸 알려주었다. 타인이 아닌 나에게 존재를

...
지금까지 남에게 인정받기 위해,
나의 능력을 증명하기 위해 애쓰면서 살아왔다면
이제부터는 달라져야 한다.
결국 빈손으로 돌아가더라도
치열하게 살아야 한다.
타인이 아닌 나에게 나의 존재를 입증하기 위해서 말이다.

입증하기 위해서 말이다.

노인의 모든 것이 늙거나 낡아 있었다. 하지만 두 눈만은 그렇지 않았다. 바다와 똑같은 빛깔의 파란 두 눈은 여전히 생기와 불굴의 의지로 빛나고 있었다.

노인의 모습은 도전이 두려운 마흔의 내가 닮고 싶은 모습이다.

작품 『노인과 바다 The Old Man and The Sea』
저자 어니스트 헤밍웨이(Ernest Hemingway, 1889~1961)
고전 판본 1951년 9월 1일자 《라이프 Life》 | 김욱동 번역, 민음사

1951년 작. 작품이 실린 1951년 9월 1일자 《라이프 Life》지는 이틀 만에 500만 부가 팔렸다. 헤밍웨이는 『노인과 바다』로 이듬해 퓰리처상을, 1954년에 노벨문학상을 받았다. 아들 그레고리(Gregory)가 1940년대에 멕시코 만에서 낚시를 하던 중 상어의 공격을 받아 청새치를 잃었던 경험이 소설의 소재가 됐다. 작품은 성공했지만 1940년대 후반부터 두 번째 부인 폴린(Pauline)의 죽음과 아들 그레고리의 정신이상으로 작가는 불우한 시절을 보냈다. 작가는 누구도 흉내 내지 못하는 뛰어난 문체를 보여줬다. 그러나 여성 편력이 심한 데다 음주를 절제하지 못했고 자식의 정신이상을 부정하는 등 개인적인 삶은 굴곡이 많았다. 그는 1961년 자살로 추정되는 총기 사고로 세상을 떠났다. 『노인과 바다』는 인생의 파도와 맞서 싸워야 했던 작가의 자서전이기도 한 셈이다.

중년,
그리고 로맨스
샬럿 브론테, 「제인 에어」

더 나이 들기 전에 한 번쯤 사랑에 대해 묻고 싶었다. 마흔과 사랑이라니, 다소 어울리지 않는 조합 같기도 하다. 하지만 '남녀간의 사랑은 우리 인생에 어떤 기여를 하고, 어떤 의미로 남을까'에 대해 생각해 보고 싶었다. 사춘기와 청춘을 지배했던 사랑이 어느 순간 일상에서 자취를 감춰버렸음에도 불구하고 아무 일 없이 잘 살아가는 것이 참으로 신기하지 않은가! 잊고 있었던 사랑의 감정을 반추하며, 사랑을 완성하는 긴 여정을 되짚어보고 싶었다.

이런 막연한 생각을 실천으로 옮겨 준 책이 샬럿 브론테의 『제인 에어』이다.

신데렐라와 제인의 차이

『제인 에어』를 처음 읽은 것은 중학교 2학년 때였다. 900페이지에 달하는 두꺼운 분량이지만 사춘기 소녀들의 시선을 사로잡을 만큼 달콤한 이야기여서 무척 재미있게 읽었다.

먼저 『제인 에어』의 줄거리를 찬찬히 살펴보자.

제인은 어려서 부모님이 돌아가신 뒤 리즈 외숙모 댁에서 얹혀산다. 한마디로 구박데기다. 제인 스스로 '나는 감히 잘못을 저지르지도 못하였다. 나는 모든 의무를 다하려고 애를 썼다. 그러나 아침부터 한낮까지 한낮에서 밤까지 당돌하고 귀찮고 뾰로통하고 음흉하다는 소리를 듣기가 일쑤였던 아이', '예쁠 것 없는 아이'라고 소개한다.

외숙모 집에서 쫓겨난 제인은 로우드 기숙학교에서 친구 헬렌과 템플 선생님을 만난다. 이때부터 지적이고 따뜻한 여인으로 자라난다. 8년간 로우드 기숙학교에서 지낸 뒤 제인은 손필드 저택의 가정교사가 된다. 그리고 저택의 주인인 로체스터 백작과 사랑에 빠진다. 가정교사와 백작의 사랑은 당시로서는 상상하기 힘든 일이었다. 가정교사는 '사연 많은' 여성이 선택하는 낮은 신분이었던 것이다. 하지만 로체스터는 당돌할 정도로 대담한 제인의 성품에 반해 제인에게 청혼을 하고 제인도 이를 받아들인다. 그러나 결혼식 당일, 로체스터 백작에게 정신이 온전하지 않은 부인이 있다는 사실이 밝혀지게 되고, 제인은 무작정 집을 나와 둘은 헤어지게 된다. 이후 제인은 이종사촌 존과 우연히 재회하고, 먼 친척으로부터 뜻밖의 유산을 물려받으면서 안정을 찾게 된다. 그로부터 1년 뒤, 제인은 로체스터를 잊지 못해 손필드 저택을 다시 찾는다.

다시 찾은 손필드 저택은 예전과는 달리 폐허가 되어 있었다. 화재로 인해 집의 일부가 불타 있었고, 로체스터 백작은 한쪽 팔과 눈을 잃은 상태였다. 이 시점에서 제인은 로체스터에게 진정한 사랑을 느끼고, 그의 눈과 손이 되겠다고 다짐하며 망설임 없이 그와 결혼한다.

줄거리만 보면 『제인 에어』는 한때 사춘기 소녀들 사이에서 유행했던 하이틴 로맨스류의 조건을 갖췄다. 가정교사와 백작이라는 신분을 뛰어넘은 사랑, 불의의 사고로 장애인이 된 로체스터와 유산을 물려받은 제인의 변함없는 사랑과 결혼!

어디 그뿐인가? 제인과 로체스터가 주고받은 대사들은 또 얼마나 낭만적인지, 소설을 읽다보면 가슴이 뛰곤 했다.

　　"제인, 어서 내 청을 승낙해줘요. 어서 말해줘요. 에드워드, 내 이름을 불러요. '에드워드, 당신과 결혼하겠어요'라고 말이오."

　　"진심이세요? 진심으로 저를 사랑하세요? 정말로 제가 당신의 아내가 되는 것을 원하시는 거예요?"

　　"그렇소. 맹세를 해야 마음이 시원하겠다면 맹세를 하리다."

　　"그렇다면, 당신과 결혼하겠어요."

　　"에드워드라고 불러요. 내 귀여운 아내여!"

　　"사랑하는 에드워드!"

"내게로 와요. 이젠 송두리째 내게로 와요."

그는 말했다. 그리고 나의 뺨에 뺨을 맞대고서. 말할 수 없이 그윽한 목소리로 내 귀에다 대고 말했다. "나의 행복을 마련해주오. 나는 당신의 행복을 마련하리다."

『제인 에어』에는 로맨스 소설의 고전이라는 평가에 저절로 고개가 끄덕여지는 대사들이 넘쳐났다.

그렇게 재미있게 읽었음에도 불구하고 나는 결말을 까마득히 잊고 있었다. 그리고 최근 원작을 다시 읽고서야 기억할 수 있었다. 제인은 신데렐라가 아니었다는 사실을. 책의 결말은 제인이 결혼한지 10년 뒤 모습이다. 그것도 백마 탄 왕자님이 아니라 부와 건강을 잃은 남자와 스무 살의 나이 차를 극복하고 결혼한 모습으로 말이다.

사랑은 두 바퀴로 달리는 수레와 같다

제인은 우리가 고전 작품을 통해 만날 수 있는 여성 중 개성이 매우 강한 캐릭터이다. 보통의 여주인공들은 위기에 빠졌을 때 어김없이 잘생긴 왕자님이 나타나 손을 내밀고, 그들이 내미는 손을 잡으면서 이야기는 해피엔딩으로 끝이 난다. 그런데 제인은 달랐다.

로체스터 앞에서도 "제가 가난하고, 신분이 낮고 작고 못생겼다고 해서 영혼도 없고 감정도 없다고 생각하시나요? 잘못 생각하신 거예요! 제 영혼이 당신 영혼을 향해 말하고 있는 거예요. 지금도 우리가 동등하기는 하지만요."라고 자신의 생각을 당당히 말했다.

또한 로체스터의 과거를 아는 순간 과감히 그를 떠났고, 이후 갈 곳 없이 떠돌던 중에 사촌 존의 청혼을 받고도 사랑하지 않는다는 이유로 청혼을 거절했다. 그리고 자신이 로체스터를 진정으로 사랑했다는 사실을 깨닫고 로체스터를 찾아갔다. 당시 제인은 매우 파격적인 캐릭터였다고 평가받았는데, 오늘날에 비춰 봐도 제인은 용감한 여성이다. 사랑과 결혼을 고민할 때 조건을 따지기보다 자신의 감정에 충실한 것만으로도 그녀는 충분히 용기 있고 능력 있는 여성이다. 그렇기 때문에 제인이 로체스터 부인이 되는 결말을 19세기 영국 사회에 대한 제인의 항복으로 해석하는 이들도 있었다. 이는 제인의 사랑을 지나치게 평면적으로 해석한 것으로 보인다.

어두운 과거를 가진 로체스터 백작과 결혼하지 않았던 제인은 어두운 과거에 더해 한쪽 팔을 잃은 로체스터 백작과 결혼했다. 결혼 상대자로 조건은 더 나빠졌다. 제인이 선택한 것은 '뜨거운 사랑'이 아니라 '영원한 사랑'이었을 것이다.

마흔을 앞두고 보니 어렴풋이나마 사랑의 형체가 보인다. 남녀간의 사랑도 주고받는 것이 비슷해져야 유지된다. 서로를 매혹시키는 다른 점은 사랑을 불붙게 하지만 지속시킬 수는 없다. 사랑은 두 바퀴로 달리는 수레와 같다. 한쪽 바퀴만 크다면 수레는 쓰러질 것이다. 또 한쪽 바퀴가 홀로 속도를 낸다면 아마 달려보지도 못하고 다른 바퀴는 망가져 버릴지도 모른다. 사랑이 여성의 미모와 남성의 재력을 맞교환하는 일종의 거래라고 주장하는 것이 아니다. 주고받는 마음의 양, 인내의 양을 말하는 것이다.

로체스터 백작이 우월한 지위에서 제인을 돌봐주기만 하는 결혼 생활이었다면 점차 한쪽은 지치고 한쪽은 부담스러워졌을 것이다. 게다가 결혼 생활은 '살아낸다'라는 표현이 어울릴 적도 있다. 낭만적인 사랑은 일상의 무게에 짓눌려 질식해 버린다.

어느 결혼식에서나 주례는 '사랑은 시작하는 것보다 가꾸어 나가는 것이 더 중요하다'고 강조하는 데는 이유가 있었던 것이다. 너무 당연해서 식상하게 들리지만 경험에서 우러나온 사랑의 본질임에 분명하다. 검은머리가 파뿌리가 되도록 사랑하려면 균형 잡힌 관계를 맺기 위한 노력이 함께해야 한다. 제인은 이러한 사랑의 본질을 알고 있었다. 자신의 곁에 머무는 것이 가당치 않다고 생각하는 로체스터 백작에게 제인은 "그런 건 제겐 아무것도 아녜요. 당신이 아직 자랑스럽게 독립해 계시고, 주는 사람이나 보호자의 역할 이외 어떠한 역할도 경멸하셨을 때보다 당신의 도움이 될 수 있는 지금 저는 당신을 더 사랑해요."라고 말했다. 제인은 이렇게 현명한 여인이었다.

『제인 에어』의 줄거리는 어찌 보면 제인의 로맨스가 주인 것 같지만, 제인이라는 여인의 성품과 삶 때문인지 곳곳에 인생의 지혜가 숨어 있다.

"전 여자라는 이유로 저 너머에 가보지도 못하고 삶이 끝날까봐 겁이 나요."

"어떤 것에 대해 미운 마음을 품거나 자기가 억울한 일을 당했다고 해서 꼬치꼬치 캐고 들거나 속상해하거나 하며 세월을 보내기에는 우리 인생이 너무 짧단다."

"진정에서 나오는 한마디라면 수천 마디의 말에 담을 수 있는 것과 똑같은 호의를 담을 수 있어요."

"젊음처럼 외고집을 부리는 것이 또 어디 있을까? 무경험처럼 맹목적인
게 어디 있을까?"

"하지만 피할 수 없는 경우엔 참고 견디어내는 것이 의무인 거야. 참고 견
디어내는 것은 정해진 운명인데 견딜 수 없다고 투덜대는 것은 어리석고
허약한 소치인 거야."

"판단이 결여된 감정이란 물을 섞은 약과 같다. 한편 감정에 의해 순화되
지 않은 판단이란 너무 쓰고 껄껄하여 인간이 마셔 삼킬 수가 없다."

나이 들어 다시 읽은 『제인 에어』는 제인의 사랑보다 인생이 먼저 보였다.
세월이 흘러도 『제인 에어』가 끊임없는 사랑을 받는 것은 제인의 사랑 이
야기 때문이 아니라 제인이 인생을 살아가는 자세, 사랑에 대한 자세 때
문이라는 생각이 든다.

사랑은 그 주인과 함께 성숙해간다

내 마음은 들떠 올라 식사 도중에는 즐겁게 마음 놓고 그에게 이야기를 했
고 식사가 끝난 후에도 오랫동안 이야기를 했다. 그와 함께 있으면 애써
체면을 차리지 않아도 되고 기쁨이나 즐거운 기분을 억제할 필요가 없었
다. 그와는 서로 마음이 맞는 것을 알고 있기 때문에 아주 마음을 푹 놓고
있었다. 내가 하는 말이나 행동 전부가 그에겐 위안이 되고 그의 생기를

…
이젠 어렴풋이 알겠다.
나를 사랑해야
다른 사람도
사랑할 수 있다는 것을……

돋워주는 것 같았다. 그것을 느끼는 것이 얼마나 기뻤던지. 그 느낌은 내 전부를 송두리째 광명 속으로 끌어냈다. 그의 앞에서 나는 완전히 살았고 내 앞에서 그도 완전히 살았다.

20대에는 심장을 두근두근 뛰게 하는, 방금 돌아서도 보고 싶어 가슴이 먹먹한, 여백 없이 달콤한 고백이 이어져야 완전한 사랑을 한다고 믿었다. 사랑하는 사람과의 관계에서 담담한 하루가 찾아오면 사랑이 식은 것은 아닐까 싶어 괴로워했다. 열병을 앓고 나면 나를 사랑하는 것인지, 상대방을 사랑하는 것인지 의심스러울 때도 있었다. 또 '조건'이나 '사랑'이 나를 두고 갈등하기도 했다. 조건은 '안정'을 의미하는 것이고, 사랑은 '열정'을 의미하는 것이니, 두 가지가 나란히 공존할 수 있다고는 상상조차 하지 못했다.

하지만 마흔 이후의 사랑은 20대와는 다르다. 매일같이 처음 만난 것처럼 뜨거운 사랑을 한다면 일을 하고 가정을 유지해나갈 여력이 없을 것이다. 나를 사랑해야 남을 사랑할 수 있다는 것도 깨닫게 된다. 안정된 생활이 열정을 앗아갈지라도, 사랑을 오래 달군다는 것도 안다. 사랑은 완전무결한 감정이 아니라 현실에 발을 디뎌야 누릴 수 있고, 희로애락이 모두 담긴 감정이다. 낭만적이라기보다 구질구질해 보이기도 한다.

제인이 로체스터 백작에게 돌아온 것을 동정이나 연민이라고 비하할 필요는 없다. 사랑은 '사랑' 자체로 불변하는 것이 아니라 '사랑'의 주인과 함께 성숙해간다는 것을 제인은 알고 있었던 것이다.

제인은 마치 내게 되묻는 듯했다. 사랑은 심장 박동이 거칠게 뛰는 감정이기보다는 심장이 편안해지는 거라고.

일상을 분홍빛으로 물들이지는 않지만 안도의 한숨을 내쉬게 하는 것, 이 것이 마흔의 사랑이 아닐까 싶다.

작품 『제인 에어Jane Eyre』
저자 샬럿 브론테(Charlotte Bronte, 1816~1855)
고전 판본 유종호 번역, 민음사

1847년 작. 샬럿 브론테의 짧은 생은 영국 빅토리아 시대를 관통한다. 산업화가 가속화되면서 남성은 밖에서, 여성은 안에서 일하는 성별 분업이 견고해졌다. 여성은 매일 반복되는 가사 일을 하면서 순결을 강요받았다. 이런 시기, 결혼을 거부한 채 자아를 찾아 길을 떠나는 제인 에어는 당시의 상식을 뒤엎는 여성상이었다.

다섯 살에 어머니를 여의고 자매끼리 서로 의지하며 자란 샬럿 브론테는 주체적인 삶을 살고자 했다. 생계를 꾸리기 위해 글을 썼고, 작가로서 성공하려는 열망도 강했다. 38세에 목사 아서 벨 니콜스로부터 청혼을 받고 뒤늦게 결혼했으나 이듬해 봄 임신 중에 사망했다. 작가의 죽음이 임신에 대한 심리적 거부 때문이었다는 논란이 벌어질 정도로 당시 여성으로서는 이례적인 삶을 살았다.

무모할 정도로 집요한,
그래서 몹시 부러운 개츠비

F. 스콧 피츠제럴드, 『위대한 개츠비』

미리 밝혀두자면 나는 『위대한 개츠비』를 재미있게 읽은 독자이다. 이 소설은 시작부터가 눈길을 끌었다.

> 지금보다 어리고 쉽게 상처받던 시절 아버지는 나에게 충고를 한마디 해주셨는데, 나는 아직도 그 충고를 마음속 깊이 되새기고 있다.
>
> "누구든 남을 비판하고 싶을 때면 언제나 이 점을 명심하여라."
>
> 아버지는 이렇게 말씀하셨다.
>
> "이 세상 사람이 다 너처럼 유리한 입장에 놓여 있지는 않다는 것을 말이다."

책을 펼쳤을 때 "이 세상 사람이 다 너처럼 유리한 입장에 놓여 있지는 않다는 사실을 명심하라"는 아버지의 충고가 시선을 사로잡았다. 첫인상 덕분에 나는 비교적 쉽게 개츠비에 몰입할 수 있었고, 책을 읽는 동안 개츠비라는 인물에 점점 빠져들었다.

내겐 너무 위대한 개츠비

반면 『위대한 개츠비』에 대한 독자들의 평가는 매우 엇갈린다. 작품을 읽고 별 감동을 느끼지 못했다는 목소리도 크다. 또 개츠비 앞에 붙은 '위대한'이라는 수식어에 대해서도 논란이 오간다. 이를 곧이곧대로 받아들이지 않고 작가가 개츠비라는 인물을 희화화하기 위해 선택한 제목이라고 생각하는 이들도 꽤 많다.

소설의 화자인 닉 캐러웨이는 개츠비에 대해 '내가 드러내 놓고 경멸해 마지않는 모든 것을 대변하는 인물'이라고 평한다. 그의 말대로 개츠비는 속물이다. 자신을 과시하는 몸짓이 우스꽝스럽다.

> 난 중서부의 어느 부잣집에서 태어났어요……. 가족들은 모두 죽고 없습니다. 미국에서 자랐지만 교육은 옥스퍼드에서 받았어요. 선조 대대로 그곳에서 교육을 받아왔거든요. 집안 전통이죠.

누가 봐도 대번에 거짓임을 알 수 있는 말을 내뱉는다. 어설픈 거짓말은 위태롭다.

매일 화려한 파티를 열 정도로 재력을 갖췄지만 존경이 아닌 멸시를 받을 뿐이다. 작가는 이를 적나라하게 묘사함으로써 개츠비를 조롱하는 세상을 오히려 조롱한다.

그러나 그런 개츠비에게 나는 반했다. 평생 동안 하나의 목표를 향해 무모할 정도로 질주하는 그의 열정이 부러웠다. 설사 꿈을 이루려는 방법이 부도덕하다 해도 나는 그런 그가 좋았다.

물질은 풍요롭고 마음은 가난한 시대

『위대한 개츠비』는 미국 경제의 황금기였던 1920년대가 배경이다. 젊은 이들이 모여든 도시는 쾌락으로 가득했다. 밤마다 재즈가 흐르는 파티가 열렸다. 이를 빗대 '재즈의 시대'로 불린다. 스콧 피츠제럴드의 소설『위대한 개츠비』는 벼락 부자가 된 개츠비를 통해 당대 미국의 물신주의를 날카롭게 비판했다. 물질은 풍요로웠지만 사람도, 세상도 꿈을 잃어가고 있던 때였다. 미국으로 이주했던 청교도들이 금욕과 절약을 통해 증명하려 했던 신앙은 사라졌고, 대신 '돈'이 목적이 된 세상에서 정신은 피폐해졌다.

주인공 개츠비는 이런 시대와 불협화음을 일으키는 인물이다. 소설의 화자 닉은 증권사 직원으로 개츠비와 이웃 사이다. 개츠비의 첫사랑 여인인 데이지의 친척 오빠이기도 하다. 옥스퍼드 대학 출신 재력가로 알려진 개츠비는 사실 가난 때문에 데이지와 헤어졌다. 그래서 그는 데이지를 되찾기 위해 수단과 방법을 가리지 않고 돈을 벌었고 마침내 뉴욕에 입성했다. 그러나 뉴욕 상류사회는 개츠비를 이웃으로 받아들이지 않는다. 데이지의 남편 톰은 슬금슬금 바람을 피우는 부도덕한 인간이지만, 개츠비의 비루한 출신 배경을 알고는 멸시를 보낸다. 남편의 외도에 화가 난 데이지 역시 개츠비를 이용하기 위해 접근할 뿐이었다. 게다가 그녀가 자동차 사고를 내고 도망을 가는 바람에 개츠비가 대신 죄를 뒤집어쓴 채 죽임을 당한다.

개츠비는 가난했고 배우지도 못했다. 태어날 때부터 몸에 밴 우아한 제스처 따위도 없었다. 게다가 모자라 보일 만큼 그의 사랑은 맹목적이었다. 이 때문에 신흥 부호가 된 뒤에도 뉴욕 상류사회에서 이방인 취급을 받았다. 독자 역시 개츠비를 비웃는다. 그러다가 순간 뜨끔해진다. 개츠비를 속물이라 비웃는 주변인들이야말로 속물이기 때문이다. 개츠비가 부도덕하게 부를 축적했다고 비난하는 톰 역시 도덕적으로 타락하기는 마찬가지였다. 우아함으로 개츠비를 반하게 했던 데이지를 보라. 데이지가 개츠비에게 잠시 마음이 빼앗긴 것은 부를 상징하는 개츠비의 저택을 보았을 때였다.

우리는 꿈을 좇는 동안 가장 빛나는 순간을 살게 된다

나 역시 처음에는 개츠비를 보며 실소를 금치 못했다. 평생 남들의 손가락질 받는 개츠비가 가엽기도 했다. 그러나 그런 개츠비에게 반해 버렸다. 그는 모두가 꿈을 잃고 헤매던 시기에 평생 단 하나의 꿈을 좇은 인물이다. 남들처럼 돈을 좇은 것도 아니고 권력을 쥐려 했던 것도 아니다. 그저 첫사랑 데이지와 함께 살고 싶었을 뿐이다. 죽는 순간까지도 개츠비는 자신의 꿈을 좇았다. 어느 누가 그를 쉽게 속물이라고 손가락질 할 수 있을까?

개츠비를 경멸하던 닉이 결국에는 개츠비를 이해하게 된 것도 이와 같은 이유일 것이다.

그러나 만약 인간의 개성이라는 게 일련의 성공적인 몸짓이라면 그에게는 뭔가 멋진 구석이 있다고 할 수 있었다. 그는 마치 1만5000킬로미터 밖에서 일어나는 지진을 감지하는 복잡한 지진계와 연결되어 있기라도 한 것처럼 삶의 가능성에 민감하게 반응했다. 그러한 민감성은 창조적 기질이라는 이름으로 미화되는 그런 진부한 감수성과는 차원이 달랐다. 그것은 희망에 대한 탁월한 재능이요, 다른 어떤 사람한테서도 일찍이 발견한 적이 없고 또 앞으로도 다시는 발견할 수 없을 것 같은 낭만적인 민감성이었다. 그래 결국 개츠비는 옳았다. 내가 잠시나마 인간의 속절없는 슬픔과 숨 가쁜 환희에 흥미를 잃어버렸던 것은 개츠비를 희생물로 삼은 것들, 개츠비의 꿈이 지나간 자리에 떠도는 먼지들 때문이었다.

꿈은 인생을 나아가게 하는 좌표다

젊음은 무모하다. 멀리 있는 꿈일지라도, 길을 돌고 돌아야 한다 해도 간절하게 꿈을 좇는다. 하지만 나는 이제 더 이상 꿈을 꾸지 않는 나이가 됐다. 지금 내 모습은 바다 한가운데서 좌표인 북극성을 잃어버린 선장과도 같다. 북극성만 바라보며 먼 길을 떠난 선장은 북극성을 향해 나아가지만 북극성은 가까워졌다고 느끼면 다시 멀어지고, 가까워졌다고 느끼면 다시 멀어진다. 급기야 선장은 영원히 북극성에 닿을 수 없을 것같은 예상에 사로잡힌다. 그렇다고 선장이 북극성을 향해 나아가기를 포기하고 바로 눈앞의 파도와만 맞선다면 어떨까. 아마 아무리 좋은 장비가 있고, 뛰어난 선원이 있다 해도 망망대해에서 길을 잃고 말 것이다. 선장은 북극성을 향해 나아가기 때문에 파도를 만났다고 억울해할지도 모른다. 바다는 원래 파도가 친다는 것을 잊고 말이다.

인생도 마찬가지다. 꿈을 잊은 채 무작정 달린다면, 내 앞의 파도만 볼 뿐 북극성을 볼 수는 없다. 그저 인생의 좌표를 잃어버린 하루일 뿐이다. 고된 하루였지만 무사히 잘 보냈다고 스스로를 위로한다 해도 다음 날 파도는 다시 친다. 이런 날이 계속되다 보면 피곤은 쌓여가고 왜 살고 있는지 허탈해진다.

젊은 날에는 똑같이 고된 하루를 보냈지만 지치지 않았다. 꿈을 품고 있었기 때문이다. 북극성을 바라보고 걸었기 때문이다. 꿈은 헛된 것이 아니다. 비록 손으로 잡을 수 없다 해도 삶의 지향점이 되며, 뚜벅뚜벅 걸어갈 수 있도록 길을 안내하는 인생의 좌표가 되기 때문이다.

개츠비의 북극성은 데이지였다. 정확히 말하면 데이지와 함께 한 또는 함께 할 시간이 행복했다. 그래서 그 시간으로 돌아가기 위해 열정적으로 돈을 벌었다. 닉은 개츠비의 장례식에 아무도 오지 않은 것에 대해 슬퍼하고 분노한다. 아마 그의 꿈이 짓밟힌 것이, 꿈을 향한 숭고한 노력이 우스워진 까닭일 게다.

개츠비의 죽음은 '꿈에 대한 열망의 죽음'이다. 꿈의 죽음은 젊음의 죽음이다. 사랑 뒤에 증오, 평화 뒤에 힘, 희생 뒤에 이기심 따위가 자리하고 있다는 것을, 인생은 양지와 음지가 공존하는 이중주라는 것을 깨닫는 순간 우리는 어른이 된다.

그래도 『위대한 개츠비』는 꿈을 위해 살라고 말한다. 꿈을 좇은 개츠비는 남들의 비웃음을 살지언정 행복했다. 꿈은 세상을 살아내는 힘이고, 삶을 풍성하게 만드는 원천이다. 어쩌면 꿈은 이룰 수 없기 때문에 숭고한 삶의 지표가 되는지도 모른다. 어디로 가는지조차 모른 채 삶의 고단함을 견딜 수는 없다. 꿈은 내리막길을 만났을 때 나를 무너지지 않게 해주는 지지대다. 이 소설의 마지막 문장처럼 말이다.

> 개츠비는 그 초록색 불빛을, 해마다 우리 눈앞에서 뒤쪽으로 물러가고 있는 극도의 희열을 간직한 미래를 믿었다. 그것은 우리를 피해 갔지만 별로 문제 될 것은 없다. 내일 우리는 좀 더 빨리 달릴 것이고 좀 더 멀리 팔을 뻗을 것이다. (…) 그리고 어느 맑게 갠 날 아침에 (…) 그리하여 우리는 조류를 거스르는 배처럼 끊임없이 과거로 떠밀려가면서도 앞으로 앞으로 계속 전진하는 것이다.

누구나 그러하듯 어느 정도 나이가 들면 어릴 적 꿈은 잊게 마련이다. 어른이 되면 꿈에 대해 말하는 것을 주저한다. 꿈은 꿈일 뿐이라는 것을 깨달아서다. 세상 이치를 모두 알아버린 양, 꿈을 좇는 자를 이상주의자로 쉽게 매도한다. 현실주의자라는 말에는 합리성이, 이상주의자라는 말에는 비합리성이 내포되어 있다.

꿈을 꾸지 않으면 절망할 일도 없을 것이다. 그러나 또한 행복할 일도 없을 것이다. 나이가 들수록 '위대한 개츠비'가 문득 그리워진 까닭이다.

작품 『위대한 개츠비The Great Gatsby』
저자 F. 스콧 피츠제럴드(F. Scott Fitzgerald, 1896~1940)
고전 판본 김욱동 번역, 민음사

1925년 작. 피츠제럴드는 어니스트 헤밍웨이와 같은 시대에 활동한 작가이다. 두 사람의 평가는 무척 상이하다. 헤밍웨이가 '예술혼을 불태우는 진지한 작가'라는 평을 받은 반면, 피츠제럴드는 '미국 문단의 플레이보이'로 평가받았다. 그의 삶의 화두는 사랑과 젊음, 그리고 돈이었다. 이것들을 얻는 것이 성공이라고 여겼던 그는 물질적 성공을 이루기 위해 무척 노력했는데,『위대한 개츠비』는 바로 작가의 고단한 삶이 담겨 있는 자전적 소설이다. 작가의 삶은 미국 경제의 흥망과 같은 곡선을 그린다. 1920년대 미국 경제는 최고의 호황을 누렸다. 작가 역시 『낙원의 이쪽This Side of Paradise』,『위대한 개츠비』를 연달아 성공시키며 최고의 전성기를 보냈다. 아름다운 아내 젤다와 부를 동시에 거머쥐었고, 사교계에서도 명성을 떨쳤다. 소설 중 개츠비가 사랑했던 데이지는 아내 젤다를 형상화했다는 것이 정설이다. 《타임》지가 선정한 100대 영문소설, 《옵저버》 선정 인류 역사상 가장 훌륭한 책으로 꼽히는 작품이다.

...
꿈은 헛된 것이 아니다.
비록 손으로 잡을 수 없다 해도 삶의 지향점이 되며,
뚜벅뚜벅 걸어갈 수 있도록 길을 안내하는
인생의 좌표가 되기 때문이다.

03

흔들리고
흔들려야
마흔이다

내가 가진 것과 나를 분리하면
나는 어떤 사람일까?

에리히 프롬, 『소유냐 존재냐』

지난해 국세청에서 발표한 우리나라 연령대별 평균 연봉을 보니, 40대 4,708만 원, 50대 4,695만 원, 30대 3,684만 원, 60대 이상 3,394만 원, 20대 이하 2,332만 원의 순이었다. 20대에 직장생활을 시작한 후 나이가 들수록 연봉이 점차 올라가 40대에 정점에 이른 뒤 50대부터 하락하는 모습이다.

이런 기사를 볼 때마다 마음이 불편해진다. 마흔은 경제적으로, 신체적으로 변곡점이 되는 시기라는 사실을 익히 알고 있었음에도 불편함은 '불안감'으로 치닫는다.

불안감은 좀처럼 가시지 않는다. 어떤 날은 내일 당장 직장을 잃을지도 모른다는 생각에, 또 어떤 날은 무리해서 융자를 받아 구입한 집 한 채가 빚덩이로 전락할지도 모른다는 생각에 잠을 잘 수가 없다. 더욱이 이런 불안감을 부채질하는 것은 나의 불안감이 막연한 것이 아니라 이미 내 주변 사람들의 현실이라는 점에 있다. 자신의 의지와는 무관하게 직장을 떠나는 선배들, 하우스푸어, 에듀푸어 대열에 합류한 동료들……. 막연한 불안감이 아니라 충분히 내게도 일어날 수 있는 일임을 인정하지 않을 수 없다.

당신이 사는 집이 당신을 말해 줍니다!

에리히 프롬의 『소유냐 존재냐』는 내 불안감의 실체와 직면하게 해준 책이다. 소유하는 삶은 굳이 설명하지 않아도 쉽게 이해할 수 있을 것이다. 나 역시도 이 책을 읽으면서 소유하는 사회, 소유형 인간에 대한 프롬의 분석을 쉽게 이해할 수 있었다. 그것은 다름 아닌 나의 현실이기 때문이다.

프롬의 요점은 다음과 같이 정리할 수 있다.

"'나는 무엇을 가지고 있다'는 진술은 객체를 소유하고 있음을 빌려서 나의 자아를 정의하는 것이다. 나 자신이 아니라 내가 가지고 있는 그것이 나를 존재하게 하는 주체이다. 나의 소유물이 나와 내 실체의 근거가 된다."

내가 가진 것으로 평가받는 사회! 인정하고 싶지 않지만 프롬의 분석처럼 '나'를 대변해 주는 것은 직업, 자택, 차와 같이 내가 소유한 것들이다. "당신이 사는 집이 당신을 말해 줍니다", "요즘 어떻게 지내냐는 질문에, 내 차를 보여주었습니다"라는 광고 카피가 TV를 통해 내가 처한 현실을 적나라하게 보여주고 있지 않은가.

그리고 많은 사람들이 상대방의 직업을 알지 못했을 때와 상대방의 직업을 알고 났을 때 태도가 달라지곤 한다. 여럿이 모인 자리에서 가장 허름

...

소유하고 있는 것은 잃어버릴 수 있기 때문에
필연적으로 내가 가지고 있는 것을 잃어버릴까 봐
항상 걱정하게 된다.
더 많이 소유하려는 욕망 때문에
나는 방어적 자세를 취하게 되고,
고집스러워지고, 의심이 많아지고, 외로워진다.

해 보이는 옷을 입은 사람이 바로 유명한 기업체의 대표라는 사실을 알았을 때, 상대방이 살고 있는 집이 강남의 타워팰리스라는 사실을 알았을 때, 그 사실에서 자유로울 사람이 얼마나 될까.

소유 지향의 삶은 정확히 돈, 명예, 권력을 추구하는 삶이다. 이런 단어들은 '성공'이라는 한마디로 정의된다. 이왕이면 유명 대학을 나와 좋은 직장에 들어가서 남들보다 빨리 승진하는 성공적인 삶을 살기 위해 우리는 오늘도 아등바등 밤낮으로 일하고 있다.

소유 지향적인 삶은 본질적으로 불안을 동반한다. 프롬은 현대인들이 사유재산의 사회적 권리에 집중하다 보니, 실제 사유재산은 영원하지 않다는 사실을 잊었다고 지적한다. 그리고 가진 것에 집착하는 사람을 다음과 같이 표현한다.

> 소유하고 있는 것은 잃어버릴 수 있기 때문에 필연적으로 내가 가지고 있는 것을 잃어버릴까 봐 항상 걱정하게 된다. 도난을 두려워하고, 경제적 변화, 혁명, 질병, 죽음을 두려워하게 된다. 사랑을, 자유를, 성장을, 변화를, 그리고 미지의 것을 두려워한다. 따라서 나는 끊임없이 걱정을 한다. 건강을 잃을까 두렵고, 내가 소유하고 있는 다른 것들도 잃으면 어떻게 할까 하는 두려움까지 겹쳐 만성적 우울증에 시달리게 된다. 더 잘 보호받기 위해, 더 많이 소유하려는 욕망 때문에 나는 방어적 자세를 취하게 되고, 고집스러워지고, 의심이 많아지고, 외로워진다.

이런 불안감은 얼마나 많이 소유하고 있느냐에 비례하는 것은 아닌 것 같다. 대기업 CEO보다 평범한 직장인인 내가 더 불안해할 수도 있고, 가진 것이라고는 보따리 하나밖에 없는 거리의 노숙자가 더 불안해할 수도 있다.

존재형 인간 혹은 존재 지향적인 삶

그렇다면 존재 지향적인 삶은 어떤 삶일까? 기본적으로 존재란 "무엇을 소유하거나 소유하려고 탐하지 않고 자신의 능력을 생산적으로 사용하고 세계와 하나가 되는 삶의 양식"이다. 소유하는 삶에 익숙한 우리로서는 좀처럼 이해하기 어려운 설명일지도 모른다. 이런 마음을 예측이라도 했는지 프롬은 공부, 기쁨, 대화, 기억, 독서, 신념, 사랑 등의 키워드를 통해 두 가지 삶이 어떻게 다른지 비교하여 설명한다.

소유형 인간은 강의를 들을 때 노트에 열심히 적으며 암기한다. 누군가의 주장을 비판 없이 기억하려고 집중한다. 한편 존재형 인간은 강의 주제에 몰두하면서 능동적이고 생산적인 방법으로 받아들이고 반응한다. 그래서 소유형 인간은 무언가를 배우고 난 후 '나는 지식을 가지고 있다'라고 반응하는 반면, 존재형 인간은 '나는 알고 있다'라고 반응한다. 전자는 지식의 점유이고, 후자는 지식을 기능적인 것으로 생각하며 생산적인 사고 과정에서 하나의 유용한 도구로 여길 뿐이다.

또한 소유형 인간과 존재형 인간은 우리에게 기쁨과 쾌락을 구분하게 해준다. 쾌락은 그야말로 내가 원하는 물건을 갖게 되거나 원하는 결말을 얻을 때 느끼는 감정이다. 하지만 원하는 것을 소유하고 절정에 다다른 뒤에는 허무함이 스며든다. 반면 기쁨은 우리가 우리 자신이 되고자 하는 목표에 점점 접근해 가는 과정에서 경험하는 감정이다. 한마디로 목적이 있는 즐거움이다.

비록 존재형 인간이 소유에 집착하지 않는다고 해서 소유 행위 자체를 거부하는 것은 아니다. 예를 들어 의식주에 필요한 물건을 소유하는 행위에 대해 프롬은 이렇게 정리한다.

> 생존적 소유는 강력한 충동으로서, 그것은 선천적인 것이 아니라 생물학적인 종으로서의 인류에게 사회적 조건이 영향을 준 결과로서 발전한 것이다. 생존의 소유는 '존재'와 충돌하지 않는다.

그리고 소유의 한 형태인 소비에 대해서 존재형 인간은 새로운 물건이 아닌 오래된 물건에 가치를 두는 것이라고 설명한다.

프롬은 독자들에게 소유형 인간에서 존재형 인간으로 변하라고 당부한다. 소유양식 속에서 우리는 나를 포함한 모든 것을 가질 수 있는 대상, 즉 '사물'로 보게 된다. 사물과의 관계는 죽어 있다. 따라서 존재양식을 통해서만 우리는 세상의 살아있는 진짜 관계를 맺을 수 있다. 내가 가진 소유물로 나를 나타내는 것이 아니라. 내가 맺고 있는 관계를 통해 내 삶의 의미를 알아가는 것이다.

소유냐 존재냐는 삶의 자세이다

이 책을 읽으면서 새롭게 알게 된 사실은 소유형 인간과 존재형 인간은 선택할 수 있다는 프롬의 주장이다.

> 대부분의 사람들은 소유양식을 가장 자연스러운 생존양식으로, 심지어는
> 우리가 받아들일 수 있는 오직 하나의 생활양식으로 여기고 있다. 이 모든
> 것은 사람들로 하여금 존재양식의 본질을 깨닫고 나아가서는 소유는 가
> 능한 하나의 방향을 제시하는 데 지나지 않는다는 사실을 이해하는 것을
> 특히 어렵게 만들고 있다.

소유를 당연히 여기는 우리 삶의 자세를 사실은 선택할 수 있다고 주장하
는 것이다. 내가 책을 읽으면서 가장 당혹스러웠던 점은, 나에게 선택의 기
회가 있다는 사실을 전혀 모르거나 혹은 인정하지 않고 있었다는 사실이
다. 이 사실을 알고 나서, 아니 인정하고 나서 가장 크게 달라진 점은, 첫째
지금 나의 삶은 주어진 삶이 아니라 내가 선택한 삶이라는 사실을 인정하
는 것이다. 그동안 나는 성공 지향적인 삶을 추구하는 일에 대해 자본주의
시대를 살아가는 사람으로서 어쩔 수 없이 직면한 과제라고 생각했다.
심지어 선택권이 주어진다면 과감히 지금과는 다른 삶을 살아보겠노라
고 다짐하기도 했다. 하지만 이미 나에게는 선택권이 주어졌고, 나는 소
유하는 삶을 최선을 다해 추구했던 것이다.
둘째는 다른 삶을 살아가고 있는 사람들을 이해하게 된 것이다. 솔직히
나는 나와 다른 삶을 살아가는 사람들을 그리 긍정적으로 바라보지 않았
다. 대표적인 예가 다운쉬프트(downshift) 족이다. 알다시피 2000년대 초
반부터 우리 사회에도 다운쉬프트 족이 생겨나기 시작했다. IMF 이후에

생겨난 사회적인 현상으로, 많이 벌고 많이 쓰기보다는 적게 벌고 적게 쓰고 사는 삶을 추구하는 이들이 등장한 것이다. 알 만한 기업의 간부가 레스토랑에서 서빙을 한다거나 전도유망한 직장인이 지리산 자락으로 귀농해서 농사를 짓는다거나 하는 일이 연일 신문과 방송 뉴스로 전해졌다. 이들에게 중요한 것은 돈보다는 여유였고, 명예보다는 자아였다. 느리게 사는 삶을 추구하는 이들은 우리나라뿐만 아니라 해외에서도 눈에 띄게 늘어났다.

하지만 나는 사회적으로 보장된 미래를 박차고 나가 다른 삶을 살아가는 이들을 보면서 현실감각이 떨어진다고 생각했고, 가진 자의 여유라고 생각하기도 했다. 이제야 고백하자면 그렇게 생각해야 내 삶을 정당화할 수 있었던 것이다.

그런데 이 사실을 인정하자 마음이 편해졌다. 아마 내가 존재형 삶을 애써 외면하려 했던 것은 어쩌면 그 삶이 '실패'를 의미하는 것이 아닐까 하는 불안감 때문이었던 것 같다. 그것은 실패가 아니라 또 다른 삶이라는 걸 인정하기 까지는 꽤 오랜 시간이 걸렸다.

내가 가진 것과 나를 분리하면 나는 어떤 평가를 받을까?

『소유냐 존재냐』가 내게 준 교훈은 바로 지금 나의 삶은 내가 선택한 삶이라는 것이다. 그리고 나는 다른 삶을 선택할 수 있다는 사실이다.

소유의 삶에 익숙한 나에게 존재 지향적인 삶은 머리로 이해만 할 뿐 가슴으로 실천할 수 있는 삶인지에 대해서는 끊임없이 의문을 갖게 한다.

소유를 지양하고 존재를 지향하는 순간, 경쟁에서 도태될 것 같은 두려움이 든 것도 이 때문일 것이다. 하지만 분명한 것은 존재형 인간도 현실도피적인 인간이 아니라 노력하는 인간이라는 점이다. 적어도 자본주의 사회에서 존재형 인간으로 살아가기 위해서는 무한한 노력이 요구된다. 보통 사람들이 다가가기 힘든 경지라고 합리화하고 싶어질 만큼 말이다.

어떤 삶의 자세를 갖느냐는 이제 개인의 선택이 되었다. 어떤 선택을 하든 인생 제2막을 준비하면서 꼭 한 번 자신에게 물었으면 한다.

직장, 집, 차 등 내가 소유한 것과 나를 분리했을 때 나는 어떤 사람인가? 이 질문에 대한 답을 찾아가다 보면 소유의 삶을 살 것인지, 존재의 삶을 살 것인지에 대한 답도 찾을 수 있을 것이다.

작품 『소유냐 존재냐 To Have or To Be』
저자 에리히 프롬(Erich Fromm, 1900~1980)
고전 판본 정성환 번역, 홍신문화사 | 차경아 번역, 까치

1976년 작. 독일 프랑크푸르트에서 태어난 정신분석학자 에리히 프롬은 프로이트의 정신분석학을 개인이 아닌 사회에 접목시킨 사회심리학의 창시자로 불린다. 그는 사회심리학적 시각으로 현대인들의 소외의 양상을 유형별로 고찰하고 근대적 세계 속에서 인간이 참다운 자기를 실현하여 가는 길을 찾고자 하였다. 『소유냐 존재냐』는 바로 그러한 노력의 산물이다. 프롬은 이 책에서 현대인의 삶을 소유와 존재로 나누고, 두 가지 삶에 어떤 차이가 있는지 분석 설명하며, 소유의 삶이 아닌 존재의 삶을 살아갈 것을 권하고 있다. 국내에서는 『소유냐 존재냐』, 『소유냐 삶이냐』 두 제목으로 번역본이 나와 있다.

흔들리고 흔들려야
마흔이다

한스 안데르센, 「황제의 새옷」

"가장 가슴 아픈 생일은 마흔이 되는 해였다. 그건 젊음과는 영원한 안녕, 안녕, 안녕이었다. 그러나 누구든 그 나이를 지나게 되면, 마음속에서 자신을 막고 있던 모든 장벽이 부서지는 소리를 듣게 된다."

감독이자 작가인 노만 코윈이 82세에 남긴 말이다.

마흔을 앞둔 때라서 그런지, 서점에 가도 '마흔'에 관한 책이 먼저 보이고 신문이나 잡지를 읽다가도 '마흔'에 관련된 이야기가 나오면 저절로 눈길이 머문다.

2006년에 『써드 에이지, 마흔 이후 30년』이라는 책을 업무 때문에 읽을 기회가 있었는데, 그때만 해도 나 자신의 이야기로 느껴지지 않았다. 이 책의 저자 윌리엄 새들러 박사는 우리 인생을 배움의 단계인 10대와 20대 시기를 퍼스트 에이지, 일과 가정을 이뤄 사회에 정착하는 단계인 20

대 후반과 30대 시기를 세컨드 에이지, 그리고 생활을 위한 마지막 단계인 마흔 이후 30년을 써드 에이지, 마지막으로 노화의 단계로 성공적인 나이 듦을 실현해가는 포스 에이지로 구분했다. 이러한 생애 주기로 가장 오래 지속되는 단계이자 우리 인생의 한복판에 위치한 미지의 광활한 시간이 바로 써드 에이지, 즉 마흔 이후 30년이다. 마흔 이후 30년을 위해 중요한 시기가 바로 40대이며, 40대는 착륙이 아닌 새로운 이륙을 준비해야 하는 시기로 재정의했다. 이 시기를 어떤 자세로 어떤 삶의 방식으로 보내느냐에 따라 우리 삶의 최종적인 모습이 달라질 수 있다는 것이다.

이런 주장은 저자가 마흔이 넘은 남녀 200여 명을 인터뷰한 후 그중 50여 명을 12년간 꾸준히 추적 연구하여, 인생의 최고 전성기를 마흔 이후에 맞고 있는 사람들을 통해 '마흔 이후 30년'의 삶을 조명한 결과라서 세계적으로 주목을 받았다.

새로운 착륙을 준비하는 중년의 자세

『써드 에이지, 마흔 이후 30년』을 읽고 나서도 당시 나에게 마흔은 여전히 '불혹(不惑)'이어야 할 나이였다. 그러나 시간이 흘러 마흔을 앞두게 되니, 불혹은 공자와 같은 성인에게나 가능한 경지라는 걸 깨달았다. 마흔을 앞둔 나는 부쩍 주변의 평판에 자주 흔들리고, 더욱 귀를 기울인다. '나의 길'을 향해 흔들리지 않고 걷고 싶지만 '나의 길'이 무엇인지조차 헷갈릴 때가 많다.

마흔이 되어도 불혹할 수 없음을 인정하고 나서야 나는 40대가 착륙이 아닌 새로운 이륙을 준비해야 하는 시기라는 『써드 에이지, 마흔 이후 30년』의 교훈이 이해가 됐다. 인생은 40부터이므로 새로운 이륙을 위해서 흔들릴 만큼 흔들리라는 이 책의 행간에 큰 위로를 받았다.

우리에게 남은 30년 인생을 준비해야 하는 시기인 요즘 나와 내 주변 마흔들의 최대 고민은 나에게 걸맞는 직위나 일을 찾는 것이다. 사춘기 무렵 혹은 취업을 준비할 무렵의 고민과 매우 흡사하다. 다만 제2의 인생을 준비하며 나는 한 가지 다짐을 한다. 지난날에는 남들이 나를 어떻게 생각할지를 염두에 두고 미래를 고민했다면, 지금은 내가 나를 어떻게 생각할지를 염두에 두고 미래를 고민하고 싶다고 말이다.

이런 고민의 기준점을 나는 안데르센의 동화 『황제의 새옷』에 등장하는 아이로 잡았다. 알다시피 아이는 동화에서 유일하게 "임금님이 벌거벗었다."라고 진실을 이야기하는 캐릭터다. 말도 안 되는 소리라며 부모가 꾸짖어도 아이는 아랑곳하지 않고 사실을 말한다. 그제야 아이의 부모가 다른 이들에게 조심스레 말한다.

"내 아이의 얘기 좀 들어보세요. 임금님이 벌거벗었대요."

군중들 사이에 이 이야기가 퍼지고, 서서히 묵언의 담합에 균열이 가기 시작한다. 결국 행진을 하던 황제의 귀에까지 들어간다. 하지만 황제는 꿋꿋이 행진을 마친다. 행진을 중단하는 것이야말로 본인이 직위에 맞지 않는 바보라는 것을 인정하는 것이니 말이다. (『황제의 새옷』은 어린 시절 읽었던 세계명작전집의 『벌거숭이 임금님』과 다른 부분이 있다. 『벌거숭이 임금님』에서는 사기꾼들이 황제에게 짜주는 옷감이 '바보에게 안 보이는' 옷감이라고 나와 있었는

데, 다시 읽은 원본 동화에서는 '바보이거나 제 직위에 맞지 않는 사람에게 안 보이는'
옷감이다.)

아이처럼 솔직해지자

『황제의 새옷』은 영어 원본이 200자 원고지 30장 정도밖에 안 되는 짧은
이야기다. 동화를 읽는 데는 불과 30분밖에 걸리지 않지만 그 여운은 훨
씬 길었다. 앞으로 남은 삶은 무엇을 하며 살아야 할지 고민하는 이에게
필요한 것은 신하의 시선이 아니라 아이의 시선일 것이다. 자신의 자리를
유지하기 위해 눈에 보이지도 않는 옷을 훌륭하다고 거짓으로 말하는 신
하는 어쩌면 우리들 자신일 것이다. 잠시 눈을 감고 생각해 보자. 지금의
삶에 만족하지 못하면서도 '넌 열심히 잘 살고 있어'라고 끊임없이 거짓
말을 하고 있는 자신이 보이지 않는가.

'네가 하고 싶은 것을 찾아봐'라는 말은 우리 자녀들에게만 필요한 말이
아니다. 마흔이 넘으면 우리는 스스로에게 어떤 사람이 되고 싶은지, 어
떻게 살고 싶은지 질문을 던져야 한다. 더 중요한 것은 그때에도 여전히
신하와 같이 거짓말을 해서는 안 된다는 것이다.

마흔은 충분히 흔들려야 한다.

정확히 말하면 당연하다고 생각하는 것을 흔들어야 한다. 40대에는 그저
임금님의 새옷이 거짓이라고 말하는 어린아이의 순수한 현실 직시와, 현
자를 의심하고 경계하되 나의 지혜로 만들 수 있는 진지한 성찰이 내 안
에서 조화롭게 이루어졌으면 좋겠다.

...

자리를 유지하기 위해
눈에 보이지도 않는 옷을
훌륭하다고 거짓으로 말하는 신하는
어쩌면 우리들 자신이다.
잠시 눈을 감고 생각해 보자.
지금의 삶에 만족하지 못하면서도
'넌 열심히 잘 살고 있어'라고 끊임없이
거짓말을 하고 있는 자신이 보이지 않는가.

작품 『황제의 새옷 The Emperor's New Clothes』
저자 한스 안데르센(Hans Christian Andersen, 1805~1875)
고전 판본 안데르센 동화집 영어번역본

『벌거숭이 임금님』이라는 제목으로 우리나라에 소개된 안데르센의 『황제의 새옷』은 알다시피 동화다. 줄거리도 간단하다. 옷을 좋아하는 사치스러운 황제에게 사기꾼 두 명이 멍청한 사람에게는 안 보인다는 옷감으로 옷을 짜주겠다고 한다. 물론 사기다. 신하들은 멍청하지 않다는 것을 황제에게 증명하기 위해 옷감이 훌륭하다고 맞장구를 친다. 황제는 그 옷을 입고 행진을 하다가 벌거숭이라고 창피를 당한다.

안데르센은 덴마크 태생의 작가로 어릴 때 가정살림은 어려웠고, 성격은 내성적이었다. 30대에 『아이들을 위한 동화』로 동화작가의 길을 걷기 시작해 『황제의 새옷』, 『성냥팔이 소녀』, 『엄지공주』, 『인어공주』, 『미운오리새끼』 등 200여 편의 동화를 발표했다. 덴마크 국민으로서 최고의 영예인 단네브로 훈장을 받았다. 작가로서는 성공했지만 백조를 꿈꾸던 미운오리새끼처럼 전형적인 외톨이였다. 70년을 독신으로 지냈다. 못생기고 눈치도 없었으며, 불확실한 성적 정체성 때문에 괴로워했다고 전해진다.

흔들리고
흔들려야
마흔이다

인생의 반환점에서
성찰이 필요한 이유
한나 아렌트, 『예루살렘의 아이히만』

살다 보면 반드시 맞닥뜨릴 수밖에 없는 벽이 있다. 그중 하나가 조직의 이익과 개인의 양심 사이에서 일어나는 갈등이다. 물론 개인의 양심과 조직의 이익이 일치한다면 더할 나위 없이 좋겠지만, 그것은 극소수 운 좋은 이들에게나 허용된 이야기다. 요즘 말로 착한 조직에서 일하지 않는 이상, 우리는 언제든지 다음과 같은 일을 겪을 수 있다.

○○마트 친환경 유기농 코너 앞. 얼굴은 보이지 않고 유니폼과 손만 보이는 직원에게 기자가 묻는다.

"이 야채들이 유기농이 아니라는 사실을 알고 있었나요?"

"아뇨. 저는 친환경 유기농 농산물로 알고 고객님들에게 판매했습니다."

그러나 확인 결과 친환경 유기농 코너에 진열된 야채들에서 인체에 위해한 농약성분이 검출되었다. 이런 상황에서 마트 직원들은 대략 두 가지

선택을 할 수 있다.

첫째, 사실을 알면서도 어쩔 수 없이 판매하는 것이다. 여기서의 포인트는 '어쩔 수 없이'이다.

둘째, 진실을 세상에 알리는 것이다. 사람들에게 해를 입힐 가능성이 있는 먹을거리를 판매할 수 없다는 양심에 따른 행동이다.

이때 나라면 어떻게 할까? 유기농이 아니며 인체에 해로운 농약을 사용한 제품임을 밝힐까? 아니면 나와 가족의 생계를 위해 조직의 요구에 따라 침묵할까? 밥벌이의 고단함을 아는 우리로서는 이것이야말로 딜레마가 아닐 수 없다.

하지만 우리가 정작 관심을 가져야 할 것은 이러한 것들이 아니다. 문제는 바로 유기농 제품인지 아닌지에 대한 가치 판단을 중단할 때 발생한다. 이 경우 그것이 유기농인지 아닌지는 중요하지 않다. 판매사원은 회사에서 팔기로 결정한 제품을 최선을 다해 열심히 파는 것이 임무라고 생각하기 때문이다.

열심히 일하는 것이 꼭 최선의 삶은 아니다

어느 조직이든 지나치게 충성심이 강한 사람이 있게 마련이다. 이들을 유심히 관찰해 보면 자신의 일에 열정적이라는 공통점이 있다. 이들의 신념은 주어진 일에 최선을 다하는 것이다. 다만 문제는 가치를 스스로 창조하기보다 권위에 복종하는 데 열정적이라는 점이다. 이들은 그릇된 지시도 최선을 다해 복종한다. 이에 대해 과연 우리는 어떤 판결을 내려야 할까?

이 문제에 관해 심각하게 고민한 사람 중 하나가 바로 한나 아렌트이다. 그가 주목한 인물은 독일인 아이히만인데, 아이히만은 히틀러 치하에서 유대인이주국을 총괄했던 관리로, 600만 유대인을 학살하는 데 결정적인 역할을 한 사람이다.

아이히만이 체포되어 재판을 받는다는 소식은 한나 아렌트에게 특종이었다. 독일 출신 유대인으로 나치의 박해를 피해 미국으로 망명했던 그녀에게 나치즘으로 상징되는 전체주의를 철학적으로 해명하는 일은 매우 중요한 일이었다.

그녀뿐만 아니라 '인간의 얼굴을 한 악마'를 보기 위해 세계 언론이 주목했음은 물론이다. 당시 사람들은 아이히만이 정신이상자이거나 성격파탄자일 거라고 생각했다. 그러나 재판정에 선 아이히만은 놀라울 정도로 평범했다. 검찰 측 기소문에 따르면, 아이히만은 "거의 전적으로 유대인 문제에 관여한 사람, 자신의 역할이 유대인을 파멸시키는 것이었던 사람"이었다. 그가 저지른 행동은 상식적으로 이해할 수 없는 특별한 악이었다. 그런데 놀랍게도 그는 반유대주의자가 아니었다. 나치 친위대 장교이면서도 나치의 정강도 제대로 몰랐고, 히틀러의 『나의 투쟁』도 읽지 않았을뿐더러 나치에 가입한 계기도 젊은 변호사 친구인 칼텐브루너가 "친위대에 가입해 보면 어때?"라고 권유하자 동호회 가입하듯 가볍게 내린 결정이었다.

게다가 그는 자신의 행동에 대해 양심의 가책조차 느끼지 않았다. 그는 "수백만의 아이와 남녀를 상당한 열정과 세심한 주의를 기울여 죽음으로 보내는 일을 하지 않았다면 양심의 가책을 받았을 것"이라고 말했고, 재판 내내 칸트의 도덕철학을 들먹이며, 명령받은 대로 의무에 따라 행동했을 뿐, 비열한 동기나 악행이라는 의식은 전혀 없었다고 말하며 무죄를 주장했다.

생각하지 않고 살아가는 자 모두 유죄

아렌트는 아이히만이 "자신의 개인적인 발전을 도모하는 데 각별히 근면한 것을 제외하고는 아이히만은 어떤 동기도 갖고 있지 않았다."고 기록했다. 그녀의 말대로 아이히만은 자신의 발전을 위해 성실하게 산 인물이었다. 몰락한 중산층의 아들이었던 그는 열심히 노력한 덕분에 중령이라는 계급장을 달았다. 그에게 복종은 출세의 지름길이었다. 아이히만의 처음 업무는 유대인을 집단 이주시키는 일이었다. 시간이 지나면서 나치는 유대인을 대량학살하기로 방향을 바꾸었고, 아이히만은 자연스레 아우슈비츠 등 여러 수용소로 유대인을 이송하고 학살하는 데 깊게 관여했다. 아이히만은 특별한 악의 성향을 갖춘 사람이 아니었다. 그리고 악을 행하려는 그릇된 의도도 없었다. 그런데도 그는 악을 자행했다. 당시 많은 독일 장교들이 유대인 학살을 거부했지만, 아이히만은 명령의 옳고 그름을 따지지 않고 복종을 선택한 것이다.

그는 결코 유대인 혐오자가 아니었고, 그는 결코 인류의 살인자가 되기를 바라지 않았다. 그의 죄는 그의 복종에서 나왔고, 복종은 덕목으로 찬양된다. 그의 덕은 나치스 지도자들에 의해 오용되었다. 그리고 그는 지배집단

의 일원이 아니었고, 그는 희생자였으며, 오직 지도자들만 처벌을 받아야
한다. "나는 괴물이 아니다. 나는 그렇게 만들어졌을 뿐이다.", "나는 오류
의 희생자이다."라고 아이히만은 말했다.

그렇다고 아렌트가 아이히만에게 무죄를 선고한 것은 아니었다. 그녀가
아이히만에게 내린 죄목은 '순전한 무사유', 곧 성찰하지 않은 죄였다.

자신의 개인적인 발전을 도모하는 데 각별히 근면한 것을 제외하고는 아
이히만은 어떤 동기도 갖고 있지 않았다. 그리고 이런 근면성 자체는 결코
범죄적인 것이 아니다. (…) 그는 단지 자기가 무엇을 하고 있는지 결코 깨
닫지 못한 것이다. (…) 그로 하여금 그 시대의 엄청난 범죄자들 가운데 한
사람이 되게 한 것은 순전한 무사유였다. (…) 이처럼 현실로부터 멀리 떨
어져 있다는 것과 이러한 무사유가 인간 속에 아마도 존재하는 모든 악을
합친 것보다 더 많은 대파멸을 가져올 수 있다는 것, 이것이 사실상 예루
살렘에서 배울 수 있는 교훈이었다."

성찰하지 않은 죄는 아이히만에게만 적용되는 것은 아니다. 제2차 세계
대전이라는 시대적인 상황과 나치라는 이념은 현재의 나와 거리가 먼 이
야기지만, 지금의 나 역시 개인적인 발전을 추구하며 조직의 뜻에 따라
성실하게 살아가다 보면 '악'을 행할 수 있기 때문이다. 『예루살렘의 아이
히만』에 '악의 평범성(banality of evil)에 대한 보고서'라는 부제가 붙어 있
는 것도 이런 이유에서다. 이 책은 누구든지 생각하며 살지 않으면 자신

...
근면 성실하고 최선을 다해 사는 것이
죄가 될 수 있다는 사실은 몹시 충격적이다.
그러나 그것이 현실이다.
일상생활이나 소속된 조직의 논리에 매몰되면
악은 쉽사리 우리를 점령한다.
스스로에게 나태해지는 순간,
우리의 사고가 멈추기 때문이다.
인생의 전환점에서 성찰이 필요한 것도 이 때문이다.

도 모르는 사이에 악을 저지를 수 있다는, 잘못된 신념에 대한 경종인 셈이다.

근면 성실하고 최선을 다해 사는 것이 죄가 될 수 있다는 사실은 몹시 충격적이다. 그러나 그것이 현실이다. 일상생활이나 소속된 조직의 논리에 매몰되면 악은 쉽사리 우리를 점령한다. 스스로에게 나태해지는 순간, 우리의 사고가 멈추기 때문이다. 복종의 늪, 혹은 악에서 나올 수 있는 열쇠는 끊임없는 자기 성찰이다. 인생의 전환점에서 성찰이 필요한 것도 이 때문이다.

작품 『예루살렘의 아이히만Eichmann in Jerusalem』
저자 한나 아렌트(Hannah Arendt, 1906~1975)
고전 판본 김선욱 번역, 한길사

1963년 작. 1942년 나치의 고위관리들이 모여 유대인 문제의 '마지막 해결책'에 필요한 계획을 논의한다. 논의에서 결정된 마지막 해결책은 유대인 대량 학살! 집행자는 아돌프 아이히만(Adolf Eichmann, 1906~1962)이었다. 아이히만은 자신에게 주어진 임무를 충실히 수행해 수많은 유대인을 가스실로 보내는 데 결정적인 역할을 한다. 전쟁 직후 그는 포로수용소를 탈출해 도피 생활을 하다가 1960년 5월 체포되어 예루살렘에서 재판을 받게 된다. 아이히만의 재판 소식을 들은 철학자 한나 아렌트는 잡지 《뉴요커》의 재정지원을 받아 특파원 자격으로 재판을 참관한다. 그 보고서 형식의 기록이 바로 『예루살렘의 아이히만』이다. 법정에 선 아이히만의 태도와 그 이면을 날카롭게 분석한 한나 아렌트의 글은 개인이 갖고 있는 '신념'을 다시 한 번 점검하게 한다. 한나 아렌트는 당대 독일 최고의 지성이었던 하이데거와 야스퍼스의 애제자였다.

흔들리고
흔들려야
마흔이다

허생에게 배우는 공부법

박지원, 「허생전」

허생은 참으로 흥미로운 인물이다. 그는 지금의 서울 남산골 한옥마을에 사는 가난한 선비였다. 당시 서울은 북촌과 남촌으로 나뉘었는데, 북촌은 대궐 가까운 곳으로 벼슬살이를 하던 사람들이 살았고, 남촌은 청계천 이남으로 벼슬이 없는 양반들이 살았다. 남촌에 사는 가난한 선비였던 허생의 직업은 굳이 표현하자면 '독서 전문가'였다. 그는 당시 선비들의 유일한 꿈인 과거 급제가 아니라 공부를 위한 공부에 집중했다. 그것도 스스로 10년 프로젝트를 세워놓고 말이다.

그의 삶을 단숨에 알 수 있는 구절을 보면, 세상의 모든 아내들이 싫어하는 남편 1순위임에 틀림없다.

허생은 묵적(墨積)골에 살았다. 남산 밑으로 곧장 닿으면 우물 위에 오래

된 은행나무가 서 있고, 은행나무를 향하여 사립문이 열려 있다. 그 안 두어 칸 초가는 비바람을 막지 못할 정도였다. 그러나 허생은 새는 것은 아랑곳하지 않은 채 글 읽기만 좋아했다. 그 아내가 삯바느질을 해서 겨우 입에 풀칠을 하였다.

당연히 아내는 바가지를 긁을 수밖에 없었다. 결국 아내는 참지 못하고 불만을 터뜨렸다.

"당신은 평생 과거를 보지 않으니, 글을 읽어 무엇합니까?"

그러자 허생이 웃으면서 대답한다.

"나는 아직 독서를 익숙히 하지 못하였소."

소설 속 인물이지만 만약 지금 이 시대에 허생처럼 직업도 없는 사람이 고시 공부, 공무원 시험 같은 분명한 목표 없이 공부를 위한 공부만 한다면 아마도 한심한 인간이라고 비난받았을 것이다.

결국 도둑질이라도 해오라는 부인의 말에 허생은 "애석한 일이로다. 내 글 읽기로 10년을 기약하였으나 이제 겨우 7년인걸."이라고 말하고, 어쩔 수 없다는 듯 일어선다.

부인의 바가지에 집을 나선 허생은 장안에서 가장 부자라는 상인 변씨를 찾아간다. 허생은 변씨로부터 돈 1만 냥을 빌려 매점매석에 나선다. 〈KBS 역사스페셜〉은 당시 1냥이 오늘날의 3만 원에 해당한다고 고증한 바 있다. 그러므로 1만 냥은 현재 가치로 약 3억 원에 달하는 아주 큰돈이라 할 수 있다. 그 돈으로 허생은 과일 유통의 거점인 안성에 가서 과일을 모조리 산 뒤 가격이 폭등하자 되팔아 이윤을 남긴다. 또 제주의 특산품인 말총을 모두 사들인 후, 말총으로 만드는 망건이 품귀 현상을 보이자 되팔아 큰돈을 번다. 이후 그 돈을 주어 전국의 도둑들을 기름진 땅이 많은 섬 하나에 모여 살도록 해 나라의 걱정을 덜어준다.

아내의 삯바느질로 근근이 살던 허생이 큰돈을 만져 보았을 리 만무하다. 그런데 단숨에 나라를 좌지우지할 만큼의 돈을 번다. 그러다면 허생은 과연 지난 7년간 어떤 공부를 했을까. 마음만 먹으면 큰돈을 벌 수 있을 만큼 이재에 밝았던 그가 오랜 글 읽기를 통해 습득한 지식으로 매점매석에 나섰는데, 이를 볼 때 유학을 공부하는 데만 매진했다고 보기는 힘들다. 실학을 공부하는 가난한 선비였다고 봐야 할 것 같다.

돈 버는 방법은 실학에서, 쓰는 방법은 유학에서 배우다

물론 허생이 유학을 외면한 것은 아니었다. 나라를 위해 나서 달라는 정부 관리에게 삼고초려(三顧草廬)의 고사뿐 아니라 조(趙)나라 무령왕(武靈王)이나 진(秦)나라 장수 번어기(樊於期)의 고사를 이용하면서 거절하는 대목을 보면 짐작할 수 있다. 그는 『삼국지』나 『사기』뿐 아니라 사서삼경을 두루 익혀, 무작정 예법을 고수하기보다 변화에 대응하는 지혜를 얻는 것이 학문의 본질임을 설파한다. 따라서 허생은 유학의 토대 위에서 실학을 공부했다고 보는 것이 타당해 보인다.

소위 사대부란 대체 어떤 놈들이냐? 이맥(오랑캐)의 땅에 태어나서 자칭 사대부라고 하니 어쩌라는 말이냐? 바지저고리를 온통 희게 입으니 이

건 장사를 하는 사람의 옷차림이요, 머리를 한데 묶어서 송곳처럼 상투를 트니 이건 남만(南蠻·중국 남쪽에 살던 미개한 민족)의 방망이 상투가 아니냐? 그리고는 어찌 예법을 안다고 하겠는가? 옛날 번어기(樊於期)는 원한을 갚고자 자기 목숨을 내놓는 것도 아까워하지 않았고(연나라에 망명하여 진시황을 암살하러 가는 형가에게 자신의 머리를 내주어 진시황이 의심을 품지 않게 했다), 무령왕은 나라를 부강하게 만들고자 호복 입는 것을 수치로 여기지 않았다. 지금 명나라의 원수를 갚는다고 하면서 그까짓 상투 하나를 아낀다는 말이냐? 뿐만이 아니다. 장차 말 타기·칼 치기·창 찌르기·활 당기기·돌팔매질을 익혀야 하거늘, 그 넓은 소매를 고칠 생각은 하지 않고, 예법만 찾느냐?

유학을 바탕으로 실학을 공부한 것을 현대에 적용해 보면 인문학과 경영학을 같이 공부하는 것 정도로 해석할 수 있겠다. 허생이 돈을 잘 버는 법(경영학)뿐 아니라 돈을 잘 쓰는 법(인문학)까지 아우르는 균형 잡힌 사고를 했다는 점이 인상 깊었다. 돈을 벌 줄은 알지만 쓸 줄은 모르는 개인, 탐욕스럽게 돈을 거둬들이지만 나눠 줄 방법을 모르는 시장……. 우리 사회가 균형을 잃어버린 것은 그렇게 배웠기 때문일지도 모른다. 인문학의 위기는 더 이상 새로운 논란거리가 아니다.

실제 경영학은 돈을 버는 데 이용되고 인문학은 돈을 잘 쓰는 데 방법을 제공하는 경우가 많다. 허생은 매점매석으로 돈을 벌었다. 그는 돈 1만 냥으로 시장을 장악한 뒤 우리나라가 단지 1만 냥으로 큰돈을 벌 수 있는 무지한 시장이라는 데 한탄한다. 조선의 관리들이 예법에만 관심을 두고 실학을 외면해 초보적인 매점매석도 막지 못하는 걸 탄식한다. 이후 허생은 도둑들에게 돈을 준 후 가족을 꾸리게 하고 모두 한 곳으로 이주케 한다. 기름진 땅에서 나온 곡식으로 무역을 하여 그 결과 허생은 1만 냥의 돈을 100만 냥으로 늘린다.

한편 100만 냥이라는 돈을 푸는 데는 인문학적 사고를 보인다. 우선 도둑들을 섬으로 이주하도록 해 나라를 안정시켰다. 또 자신이 번 돈 100만 냥 중에 50만 냥은 바다에 버린다. 통화량이 늘어날 경우 물가가 뛰고 다른 매점매석이 일어날 것을 경계해서다. 실제 허생은 돈을 빌려준 변씨에게 1만 냥을 10만 냥으로 갚으면서 이렇게 말한다.

> 한 가지만을 독점해서 그 한 가지 물건을 몰래 저장한다면 모든 장사꾼이 그 물건을 구경할 수도 없게 되는 것이니 이것은 백성들을 못살게 하는 방법이야. 훗날에라도 나랏일을 맡은 관리가 나의 이러한 방법을 쓰게 된다면 그 나라는 곧 병들고 말 거야.

허생이 갚은 10만 냥을 빌린 돈 1만 냥에 비해 너무 많다며 변씨가 돌려주려 하자 허생은 단지 의식주가 곤궁하지만 않게 해달라는 청을 한다. 유학의 가르침을 따른 셈이다. 유학은 최소한의 의식주를 면하는 것 외에 여윳돈에 대한 욕심을 버리도록 가르친다. 결국 허생은 자신의 능력으로 번 돈의 절반은 도둑을 없애는 데 쓰고, 나머지 절반은 매점매석을 막기 위해 바다에 버리는 방식으로 사회에 환원했다. 그리고 오로지 최소한의 의식주를 영위할 수 있는 돈만 그의 수중에 남겼다.

그러나 허생은 벼슬길에는 나가지 않는다. 임금과 양반이 실질적 기술보다는 예법을 읽히는 데만 열중하고 있기 때문이다. 실리를 위해 허례허식을 버리지 못하는 한 나라의 발전은 없다고 생각한 것이다. 그의 실용적인 사고가 드러나는 장면이다.

실학 없는 유학은 뜬구름, 유학 없는 실학은 성찰 없는 질주

당시 '돈을 번다'는 것은 학자로서 관심을 두는 분야가 아니었다. 『허생전』을 읽으며 돈을 벌어들인 과정보다는 돈을 쓰는 방법을 어디서 배웠을까 자꾸 찾아보게 됐다. 아무래도 공부를 다시 해야겠다고 마음먹었기 때문이다. 20대에는 직업을 얻기 위해 공부했다면, 40대에는 직업을 유지하기 위해 공부를 한다. 승진을 앞두거나 다른 직업을 준비하기 위해 공부를 하므로 고갈된 지식을 보충하고 전문성을 키우는 데 집중한다. 학문의 목적이 실리적이므로 인문학보다는 실용학문에 중점을 두게 된다. 실제로 다시 공부를 한 뒤 돈을 좀 더 버는 것과 같은 원하는 결과를 얻을 수도 있다.

문제는 그 다음부터다. 돈을 왜 벌고자 했는지를 기억하지 못하는 것이다. 또 돈을 모았으되 제대로 쓰는 방법을 모른다. 우리는 돈을 버는 기술을 배우지만 돈을 버는 목적과 쓰는 법을 배운 적이 없다. 요즘 시대에 학문이란, 직업을 갖기 위한 준비이자 돈을 벌기 위한 지식이라고 단정해도 뭐라 반박할 말이 없다. 얼마나 돈을 버느냐가 개인의 능력을 평가하는 잣대가 되었기 때문이다.

하지만 인문학은 다른 시각을 제공한다. 허생이 100만 냥을 벌고도 초가집에 그대로 기거하는 것처럼 실제로 우리 삶의 본질은 물질이 전부가 아니다. 좋은 직장의 기준이 단지 높은 연봉이 아니듯이 말이다. 좋은 직장이란 직원이 일을 즐길 수 있고 이를 통해 회사도 성장해 갈 수 있는 곳이다. 알다시피 실용학문이 돈을 잘 버는 것을 가르쳐준다면 인문학은 돈을 잘 쓰는 법을 알려준다. 허생처럼 재산을 모두 사회에 환원하는 넓은 도량을 품지는 못하더라도 인문학을 통해 '낭비'와 '소비'의 차이를 배울 수 있다. 돈을 써야 할 곳과 써서는 안 되는 기준도 체득한다.

이 때문에 인문학은 '밥벌이'에 도움이 안 된다는 오해를 받아왔다. 허생 역시 유학에 빠져 실학을 등한시한 당시의 세태를 비판했다. 하지만 경영학에만 빠져 인문학을 잊어버린 오늘날에는 인문학을 돌아볼 때가 아닌가 싶다. 실학이 없는 유학이 뜬구름 잡기인 것처럼 유학이 없는 실학은 성찰 없는 질주일 뿐이기 때문이다.

최근 기술이 나날이 발전하고 자본을 다루는 일이 고도로 복잡해지면서 인문학이 재조명받고 있다. 얽히고 설킨 사회의 본질을 이해하는 데 도움을 주기 때문이다. 2011년 구글은 신규 예정 채용 인원 6,000명 가운데 4,000~5,000명을 인문 분야 전공자로 뽑을 계획이라고 밝혀 화제가 됐다. 이 회사 부사장은 "사용자환경(UI)을 개발하는 데는 기술 못지않게 사람을 관찰하고 이해하는 게 필수적이라, 인류학자와 심리학자가 가장 뛰어난 결과를 만들어내곤 한다."고 말했다. 최근에는 경영학이나 경제학 전공자만 받아주던 일부 금융회사들이 인문학 전공자에게 취업의 문을 열어주고 있다.

...
바닥난 에너지를 채우기 위해
다시 공부를 시작하고 싶다.
취업을 위한, 승진을 위한 공부가 아니라
삶에 대해 사색하는 공부를 하고 싶다.

마흔의 문턱에서 우리에게 필요한 건
마음의 중심 찾기다.

바닥난 에너지를 채우기 위해 다시 공부를 시작하고 싶다. 마흔은 돈을 버는 데 집중해야 하는 시기인 동시에 돈을 제대로 쓰는 방법에 대해 관심을 기울여야 하는 시기다. 허생을 통해 돈을 잘 쓰려면 인문학적 소양이 필수적이라는 것을 배웠다. '조직 관리법'이나 '재테크 강좌' 보다는 '공리주의 철학'이나 '근대 문학'을 다시 공부하고 싶어지는 것도 이 때문이다. 그게 어렵다면 가끔 읽는 고전 한 권이나 차를 한잔 마시며 진지한 토론을 하는 것도 괜찮으리라.

작품 『허생전許生傳』
저자 박지원(朴趾源, 1737~1805)
고전 판본 구인환 번역, 신원문화사

　　『열하일기(熱河日記)』에 실려 있는 한문소설. 『열하일기』는 저자가 44세 때 청나라 황제 건륭제를 만나고 온 경험을 담고 있다. 당시 건륭제는 북경이 아닌 열하에서 휴가를 즐기고 있었다. 작가는 중국의 발전된 사회를 보고 실학에 뜻을 두게 됐다. 그래서 북학파(北學派)의 거두로 꼽힌다. 알다시피 저자의 호는 연암(燕巖)이다. 권력을 잡던 '노론 벽파' 집안에서 태어났고, 어릴 적부터 천재의 면모를 드러냈으나 과거시험에서 백지 답안을 내는 등 기행을 보여주기도 했다. 음서로 벼슬길에 나선 뒤, 안의현감과 면천군수 등을 역임했다. 정권을 잡은 홍국영이 노론 벽파를 공격하면서 출세하지 못했다. 체구는 거구였고, 카리스마도 대단했다고 전해진다. 청년 시절 우울증으로 고생하면서 이를 고치기 위해 저잣거리의 민담이나 전설 등을 모아 글을 쓰기 시작했다. 하지만 성리학과 다른 '이용후생(利用厚生)'을 강조해 금서로 낙인이 찍혔고, 1910년에서야 저서들이 간행됐다.
　　『허생전』을 통해 만나는 박지원은 허례허식에 물들어 있는 보수적인 양반 사회의 무능함을 꼬집으며, 당시 조선 사회의 문제점을 날카롭게 비판한다.

별일 없는, 평온한 일상에 올리는 감사

현진건, 「운수 좋은 날」

"나이 들어 젊은이들과 경쟁하려 하지 마라. 추하다."

마흔에 관한 책을 읽으며 다이어리에 기록해 놓은 글귀다. 처음에 이 문구를 접했을 때 적잖은 충격을 받았다. 인정할 것은 인정해야 한다는 생각을 하기까지 꽤 시간이 걸렸다.

그렇다. 냉정하게 생각할 때 나이가 들어서까지 젊은 후배들과 경쟁해서는 안 된다. 그들은 우리가 이미 지나온 길을 걷고 있는 것이고, 우리는 앞서 걸으며 길을 닦아 나가야 한다.

더 이상 그들과 경쟁 상대가 되지 않는 이유도 있다. 그것은 곧 나이 들어 좋은 점이기도 한데, 나의 경우 나이가 들면서 주변 사람이 잘 됐을 때 질투보다는 진심으로 기뻐할 수 있는 마음이 생겼다.

젊은 시절엔 나보다 먼저 취직이 되는 친구를 마냥 축하할 수 없었다. 또

나보다 먼저 집을 사서 집주인이 된 친구 소식을 듣고, 굳이 내가 그 친구보다 나은 점을 찾아내려 안간힘을 쓴 적도 있다. '나보다 공부도 못했던 놈이……'라고 속으로 질시하기까지 했다. 그렇게 해서라도 나 자신을 위로받고 싶었던 것이다. 찌질하다는 자괴감이 들었지만 어쩔 수 없었다. 그때는 눈앞에 보이는 현실 외에는 아무것도 볼 수 없었다.

그러나 한해 한해 살다 보니 지켜볼 필요가 있는 것이 인생이라는 걸 깨닫는다. 대기업에 들어간 친구는 승승장구하다가 가장 먼저 명예퇴직을 해서 지금은 식당을 운영한다. 친구들 중 가장 먼저 아파트를 산 친구는 위치 선정을 잘못해 집값이 오르지 않는다며 후회했다. 그 친구보다 나중에 집을 산 친구는 개발이 되어 집값이 엄청 올랐다고 좋아했다. 다시 세월이 흘렀고 부동산 경기는 침체됐다. 지금은 둘 다 무리해서 집을 산 것을 후회한다.

인생이란 건 살면 살수록 오묘하다. 이런저런 일을 겪으며 나의 슬픔에도 조금은 초연해지고 남의 기쁨에도 진심으로 기뻐할 수 있게 됐다.

20대들이 이해할 수 없는 경험을 갖게 된 것이다.

중년의 가장이 우는 법

정말이지 인생은 롤러코스터와 같다. 오르막이 있으면 반드시 내리막이 있다. 오늘의 기쁨이 내일의 슬픔의 이유가 될 수도 있고, 그 슬픔이 언젠가는 내 인생의 기쁨이 될 수도 있다.

롤러코스터 같은 우리 인생을 적나라하게 보여주는 소설이 바로 현진건의 『운수 좋은 날』이다. 교과서에 실린 소설을 읽을 때는 일제 강점기 당시 민초의 비참한 삶을 반어적인 표현으로 고발한 것이라는 내용에 줄을 그어 가며 배웠다.

나는 아주 가끔 일희일비하고 싶지 않을 때, 이 책을 읽는다. 『운수 좋은 날』은 시대적 배경을 뛰어넘는 보편성을 지니고 있다. 공부하는 마음이 아니라 가장의 눈으로 이 소설을 읽으면 주인공 김 첨지의 삶은 너무도 서글퍼서 읽고 나면 우울해진다. 그래서 겸손해진다.

김 첨지의 불안감은 가장으로서 공감이 가는 내용이다. 사실 우리는 21세기의 김 첨지라고 할 수 있지 않은가.

한 걸음 두 걸음 집이 가까워올수록 그의 마음조차 괴상하게 누그러웠다. 그런데 이 누그러움은 안심에서 오는 게 아니요 자기를 덮친 무서운 불행을 빈틈없이 알게 될 때가 박두한 것을 두리는 마음에서 오는 것이다. 그는 불행에 다닥치기 전 시간을 얼마쯤이라도 늘리려고 버르적거렸다. 기적에 가까운 벌이를 했다는 기쁨을 할 수 있다면 오래 지니고 싶었다.

열흘간 벌이를 공친 탓에 아내와 아이를 쫄쫄 굶기고 만 인력거꾼 김 첨지는 이날 대박이 났다. 아침댓바람부터 첫 번에 30전, 둘째 번에 50전⋯⋯어수룩한 학생을 만나 1원 50전. 이상하게도 꼬리를 맞물고 덤비는 이 행운 앞에 김 첨지는 은근히 겁부터 났다. 집을 나서는 길, 달포를 넘게 앓아누운 부인이 오늘은 같이 있어 달라고 바짓가랑이를 붙잡고 사정하는데도 모질게 차버리고 나온 터였다.

이 소설은 김 첨지의 하루를 인력거가 달리듯 속도감 있게 그리고 있다. 일을 마친 김 첨지는 거하게 술에 취한 채 설렁탕을 사들고 집으로 돌아온다. 집은 고요했다. 결국 아내는 죽었고, 빈 젖을 물고 있던 아이만 힘없이 울음소리를 낼 뿐이다. 김 첨지는 '설렁탕을 사다 놓았는데 왜 먹지를 못하니, 왜 먹지를 못하니……괴상하게 오늘은 운수가 좋더니만'이라고 울먹이며 아내의 얼굴에 자신의 얼굴을 비벼댄다.

슬프다는 말 한마디 없었지만 그래서 더욱 슬픈 장면이다. 생각해 보라. 아내가 아픈데 약은커녕 끼니조차 챙겨주지 못한 가장의 마음은 얼마나 괴로웠을지를. 죽은 엄마 옆에서 빈 젖을 물고 있는 아이의 모습을 봐야 했던 김 첨지의 가슴은 완전히 문드러졌을 것이다.

김 첨지의 슬픔은 우리 시대 중년의 가장들에게 묵직한 무게감으로 다가온다. 시인 정끝별의 〈안개 속 풍경〉이 떠올랐다. 뿌연 안개 속을 걷는 것처럼 앞이 보이지 않는 중년의 우리 마음을 대변해 주는 시다.

> 깜깜한 식솔들을 한 짐 가득 등에 지고
> 아버진 이 안개를 어떻게 건너셨어요?
> 닿는 순간 모든 것을 녹아내리게 하는
> 이 굴젓 같은 막막함을 어떻게 견디셨어요?

별일 없이 살고 싶다

20대와 30대를 돌아보면 나 역시 항상 가장 운수 좋은 날을 위해 전력질
주했다. 취직과 결혼, 특종기사 등 나를 빛내줄 하루를 고대하면서 말이
다. 그러나 마흔 이후의 삶에서 가장 운수좋은 날은 별 탈 없는 날이 아닐
까 싶다. 햇빛이 강할수록 그림자도 커진다는 것을 알았기 때문이다. 또
40대가 되면 지금까지 이뤄온 것을 지키고 싶어질 뿐 새롭게 이루고 싶은
마음이 줄어든 탓도 있으리라.

소설 속의 김 첨지는 아픈 아내를 두고 일을 나와야 했다. 생활비에 약값
까지 필요하니 사실 운수가 좋든 안 좋든 일해야 할 처지였다. 그에게 진
짜 운수 좋은 날은 돈 몇 푼 더 버는 것이 아니라 쳇바퀴 돌 듯 반복되는
험하고 지난한 삶이 끝나는 것이었다. 하지만 그 고난이 끝나는 것은 부
인의 죽음을 의미하기도 했다. 그래서 김 첨지는 삶의 쳇바퀴가 멈추지
않도록 페달을 쉼 없이 돌렸다. 숨이 헉헉 찼지만 삶의 쳇바퀴가 멈춰서
는 안 되므로 쉴 수가 없었다. 그가 원한 것은 큰 부자가 되는 것도 아니었
고, 입신양명을 바란 것도 아니다. 그저 그럭저럭 부인과 해로하는 것뿐
이었는데, 다시 말하면 별일 없이 사는 것뿐이었는데, 김 첨지에게 그런
행복은 주어지지 않았다.

나 역시 해가 지날수록 별일 없이 사는 것이 얼마나 힘든지 깨닫는다.
현명한 벌목꾼은 크고 거대한 나무를 베면서도 근처의 민가나 사람을 다
치게 하지 않는다. 주위에서 감탄을 해도 '바람이 없어서 가능했다'고 둘
러댈 뿐 결코 자만에 빠지지 않는다. 평탄한 하루에 늘 감사하고 겸손해

...
지금까지는 찾아올지 찾아오지 않을지도 모를
천운을 꿈꾸었다면,
마흔 이후에는
한 주먹만큼의 운수를 매일 만났으면 좋겠다.
그래서 남보다 큰 행운이 오지 않음을 불평할 것이 아니라
평온한 일상에 감사하며 살고 싶다.

야 한다는 걸 알기 때문이다.

사람마다 한평생 동안 만나는 운수의 양은 엇비슷하다고 한다. 한꺼번에 천운을 만나기도 하고, 평생 동안 매일 한 주먹 모래만큼 운수를 만난다는 것이 다를 뿐이라는 것이다. 지금까지는 찾아올지 찾아오지 않을지 모를 천운을 꿈꾸었다면, 마흔 이후에는 한 주먹만큼의 운수를 매일 만났으면 좋겠다. 그래서 남보다 큰 행운이 오지 않음을 불평할 것이 아니라 평온한 일상에 감사하며 살고 싶다.

삶은 늘 우리에게 가르치지 않는가. 행운과 불운은 종이의 앞뒷면과 같다고. 그러니 겸손하라고 말이다.

작품 『운수 좋은 날』
저자 현진건(玄鎭健, 1900~1943)
고전 판본 신원문화사

　　1924년 작. 빙허(憑虛) 현진건은 대표적인 리얼리즘 작가이다. 1921년 약관의 나이에 『개벽』지에 단편소설 『빈처』를 발표해 작가로서 명성을 얻었다. 그 해 기자로서도 첫 발을 뗀다. 기자 정신도 투철했다. 1936년 8월 동아일보 사회부장으로 재직할 당시 독일 베를린 올림픽 마라톤 우승 사진에서 손기정 선수의 일장기를 지우고 보도해 1년 동안 옥고를 치렀다. 『운수좋은 날』은 김 첨지라는 인력거꾼의 하루를 다룬 짧은 소설이지만 인생이 함축적으로 녹아 있다. 식민지 시대 가난한 가장의 고단하고 아슬아슬한 삶과 '운수좋은 날'이라는 반어적 제목이 대비돼 슬픔이 배가 된다.

혼들리고
혼들려야
마흔이다

시류를 따르냐,
내 길을 가느냐의 기로에서

사마천, 『사기열전』

나와 아내는 운 좋게도 대학에서 공부를 마치고 사회 생활 초반에 입사한 회사에 지금껏 몸담고 있다. 물론 그 과정이 마냥 순탄했던 것만은 아니다. 여러 차례 시험에도 떨어졌고, 잠시 다른 직장에 근무한 적도 있다.

10여 년 남짓 일하고 보니 속된 말로 직장 내에서 짬밥은 늘었으나 갈수록 더 작아진 것처럼 느껴진다. 윗사람 지시에 알아서 고개가 끄덕여지고, 패기 넘치는 아랫사람을 보면 '좀 더 살아봐라'는 잔소리가 저절로 나오려고 한다. 처음 입사해서 세상과 타협하지 않고 꼿꼿이 자기 길을 가는 선배가 존경스럽고 닮고 싶었던 것을 떠올려보면, 지금의 모습은 정말 초라하게만 느껴진다. 부끄럽지만 이게 현실이다.

이런 고민이 깊어질 무렵, 한 선배로부터 추천받은 책이 『사기열전』이다. 선배는 어떤 조직이든 조직 내의 인간관계가 승패를 좌우한다고 할 수 있다며, 우리 자신이 집단과 조직에서 어떻게 살아가야 할지 인간사의 교훈을 배울 수 있는 교과서가 바로『사기열전』이라며 칭찬을 아끼지 않았다.

인생이라는 뷔페를 맛보다

『사기』는 중국 전설의 왕 황제(黃帝) 시대부터 한무제(漢武帝) 때까지 2000년을 아우른 책이다. 그중 열전은 왕과 제후가 아닌 다른 인물들, 즉 관리나 자객, 협객 등의 인물들에 관한 기록이다. 이 책은 세상만사에 어떤 선택이, 어떤 결과를 낳았는지를 서술하고 있는 만큼 인생의 지혜를 얻기 위한 책으로는 안성맞춤이다.

나는 선배의 조언에 따라 이 책을 사놓고도 한동안 읽을 엄두를 내지 못했다.『사기열전』은 총 2권의 책으로 엮여 있는데, 권당 900페이지에 달할 정도로 방대했기 때문이다. 양만 방대한 것이 아니라 등장하는 인물들의 삶도 상상을 초월할 정도로 다양했다. 순탄한 인생을 살다가 간 경우보다 시대를 잘못 만나 고생하고, 아첨과 모략을 통해 출세하기도 하고, 주변 사람들의 배신으로 죽음을 맞기도 하며, 참을 수 없는 굴욕을 견딘 끝에 영광을 얻기도 하는 등 세상의 온갖 풍파를 겪어야 했던 인간들이 즐비하게 등장했다.

그러다 보니 예로부터 이해하기 어려운 책으로 알려졌다.『사기』를 25년 간 연구하고,『완역사기본기』를 집필한 김영수 교수는 "사기를 25년 동안 공부했지만 이제야 사기의 끝자락을 조금 안 것 같다."며 "앞으로 남은 삶은『사기』 공부에 매진할 생각"이라고 밝혔을 정도이다.

그러니 고전 초보자인 나에게 『사기열전』은 상당히 난해한 책이었다. 나는 메모를 하면서 세 번을 읽고 나서야 이 책을 완전히 소화하기 어려운 이유를 깨달았다. 『사기열전』을 읽는 동안 독자는 수많은 인생의 교훈을 맛볼 수 있는 뷔페에 서 있게 된다. 수많은 인생을 한 번에 맛보니, 맵고, 짜고, 달고 쓴 맛들이 뒤섞인다. 책 속에 담긴 인생은 모두 산해진미(山海珍味)와 같아서 급하게 먹다 보니 깊은 맛을 느낄 수 없었던 것이다.

평범한 사람이 사마천이 차려놓은 인생의 뷔페를 먹어보고 고유한 맛을 느낄 만큼 날카로운 미각을 갖기는 어렵다. 이런 능력을 갖추려면 그의 뷔페를 수십 번 들락거려야 할지도 모른다. 그래서 『사기열전』에 등장한 수많은 인생 가운데 현재 나의 절절한 고민에 맞는 답을 찾기로 했다. 그것은 바로 '때는 언제 오는가'이다.

인생은 타이밍이다

『사기열전』에는 많은 유세가(遊說家 · 열국을 돌아다니며 제후를 설복시키는 책사)가 등장한다. 이들의 삶은 상상을 초월할 정도로 드라마틱한데, 가만히 지켜보면 '인생은 타이밍'이라는 말에 절로 공감이 간다. 아무리 능력이 출중하여도 자신의 뜻을 펼치는 데 우호적인 때를 만나지 못하면 뜻을 펼치지 못하고 목숨을 잃는 경우가 허다하기 때문이다. 〈한비열전〉의 한비(韓非)가 그 예라 할 수 있다. 그는 한나라의 여러 공자 중 한 사람으로 말더듬이여서 말재주는 없었다. 그러나 글을 매우 잘 지어 왕에게 글로써 자신의 뜻을 전했지만 한 왕은 그의 말에 귀를 기울이지 않았다. 이에 굴하지 않고 한비는 십여만 언의 글을 짓는다. 마침내 진나라 왕이 그의 글을 보고 감탄하여, 한비를 만나기 위해 한나라를 공격하기에 이른다. 이에 다급해진 한나라 왕은 한비를 진나라에 사신으로 보낸다. 소원대로 한비를 만난 진나라 왕은 그의 능력에 감탄하지만, 추후 천하통일에 걸림돌이 될 것이라는 신하의 말을 듣고 한비를 옥에 가둔다. 결국 한비는 뛰어난 글 솜씨 덕에 타국에서 옥살이를 하다가 독약을 먹고 목숨을 잃게 된다.

반면 소진(蘇秦)이라는 인물은 때를 잘 만나 성공한 인물이다. 동주(東周)의 낙양(洛陽) 사람인 소진은 스승에게 가르침을 받은 후 배운 것을 써보기 위해 여러 해 동안 유세를 다녔지만 비웃음만 살 뿐이었다. 낙담한 그는 칩거하면서 상대방의 심리를 파악해 설득하는 방법을 집중적으로 공부한 후 제후들을 찾아다니며 전략을 제안하기에 이른다. 그리고 우여곡절 끝에 연나라 문후(文候)의 마음을 얻게 되고 결국에는 강국인 진나라를 제외한 연, 제, 초, 한, 위, 조 등 여섯 나라의 합종책을 성사시켜, 여섯 나라의 재상이 된다.

소진과 한비는 모두 능력이 뛰어난 유세가였다. 그러나 자신의 뜻을 펼치는 데 우호적인 때를 만난 소진은 영예를 누렸고, 때를 잘못 만난 한비는 죽임을 당했다.

때를 기다린 자와 뜻을 굽힌 자

젊은 날에는 스스로의 능력에 자신감을 갖게 마련이다. 그저 갈 길을 가다 보면 돈과 명예가 따라올 것을 의심하지 않는다. 순수한 믿음이 특권인 시기다. 열심히 살아도 남들과 별반 다를 바 없을 것이라는 체념을 먼저 하게 된다면, 남들만큼 사는 것도 쉽지 않다는 것을 빨리 알게 된다면, 승부를 걸어보기도 전에 자괴감에 빠지기 쉬울 것이다.

마흔이 넘어서면 이런 믿음은 깨지게 마련이다. 돈과 명예란 적극적으로 쫓아도 가까워지지 않는다. 나의 길을 걷다 보면 돈과 명예란 것이 부수적으로 따라오는 것이라는 젊은 날의 소신이 '감나무 아래서 입 벌리기'라는 것도 알게 된다. 그래서 감을 따기 위해 작대기를 찾으러 주위를 둘러보기도 하고 감에 상처가 나더라도 우선 따고 보겠다면서 돌을 던져보기도 한다. 또 떨어질 듯하다가도 떨어지지 않아 애를 태운다. 더욱 슬픈 것은 감나무 가지 사이로 부는 삭풍만큼이나 시간이 빨리 흐른다는 점이다. 쏜살같이 흐르는 시간 앞에서 초조해진 나머지 결국 자기의 길을 버리고 세상의 길을 따라가기도 한다. 누군가 감을 따주거나 따주는 방법을 알려주면 소중하게 품어왔던 신념을 내어주는 식이다. 이처럼 뜻을 굽하지 않고 때를 기다리는 일은 결코 쉽지 않다.

사마천은 때를 기다린 자와 성급히 뜻을 굽힌 자의 예로 한신과 이사를 든다. 한신(韓信)은 회음(淮陰)이라는 시골 출신으로 젊어서 끼니 걱정을 할 정도로 가난했다. 성공하고자 하는 의지는 강했지만 그를 알아주는 이는 없었다. 그렇게 백수로 세월을 보낼 무렵, 그는 동네 건달들과 시비가 붙는다. 건달들이 장검을 찬 한신을 놀리면서 "칼로 나를 찌르던지 바짓가랑이 사이로 기어가라."고 하자, 한신은 가랑이 사이를 기어갔다. 헛된 명분 때문에 불필요한 싸움에 휘말려 화를 만드는 대신 자존심을 버리는 쪽을 택한 것이다. 그렇게 자존심을 버리면서 목숨을 유지한 그는 한고조

유방의 신뢰를 받는 소하에게 발탁돼 한나라 군대의 총사령관이 되어 수많은 전쟁에서 승리를 거두며 유방과 함께 천하통일의 대업을 이룬다. 훗날 그는 바짓가랑이 밑에서 천하의 뜻을 단련시켰다고 했다.

한신과 대비되는 이가 이사(李斯)이다. 초나라 사람이었던 그는 순자(荀子)에게서 학문을 배웠다. 출세를 원했던 그는 스승인 순자에게 '비천한 위치에 있으면서 출세할 계획을 세우지 않으면, 마치 짐승이 고기 덩어리를 보고서도 사람들이 쳐다본다고 그냥 지나치는 것과 같다'는 말을 남기고 초나라를 떠난다.

> 이사는 하급관리인 아전으로 있을 때 쥐들이 더러운 것을 주워 먹다가 사람이 가까이오자 잔뜩 겁을 집어먹고 도망가는 것을 보았다. 반면 창고 안의 쥐들은 가득 쌓아놓은 곡식을 먹고 살면서도 사람을 하나도 겁내지 않는 것을 보고 탄식했다. "사람이 현명하고 어리석은 것도 저 쥐와 같다. 스스로 처한 환경에 달려 있는 것이다."

환경을 중요시 여겼던 이사는 진나라로 건너가, 시황제가 중국을 통일한 후 승상까지 오른다. 진나라에서 그는 유학의 뜻을 싫어하던 황제의 비위를 맞추기 위해 『서경』 등 전대의 명저를 불태우게 하는 분서(焚書)를 권했다. 게다가 시황제가 타지에서 죽자 현장에 있던 환관 조고(趙高)의 설득에 넘어가 유언을 위조했다. 시황제는 장남에게 왕위를 넘긴다는 유언을 남겼으나 삼남 호해(胡亥 · BC229~BC207)에게 왕위가 가도록 했던 것이다. 환관 조고는 황제 호해가 강력한 법치를 하도록 조언했다. 그로 인해

진나라 백성들이 더욱 살기 어려워졌다. 이를 바로잡아야 할 이사 역시 자신의 안위를 위해 세금과 형벌을 강화하도록 상소했다.

뛰어난 능력을 가지고도 옳은 길보다는 뜻을 굽혀 세상의 뜻에 재능을 내어준 이사는 결국 역모의 누명을 쓰고 형장의 이슬로 사라졌다.

언제 올지 모르는 때를 기다린다는 것은 초조하지 않을 수 없다. 오지 않는 버스를 기다리듯 지겹고, 택시를 타면 뒤따라 버스가 올 것만 같다. 시간만이 아니다. 한신의 예처럼 자존심을 버려야 할 때도 있고, 용기가 필요할 때도 있다.

한신을 존경하고, 이사를 비난해야 마땅하지만, 나이가 들수록 한신의 인내심이 흉내조차 내기 어렵다는 것을 깨닫는다. 쉬운 길을 찾아나선 이사의 행동이 이해가 되는 것이다.

뜻을 시류에 맞추고도 성공할 수는 없을까

한신과 이사의 예와 달리 손숙통(孫叔通)과 공자의 예를 비교해 보면, 때를 기다릴 것인지, 시류를 따를 것인지의 선택은 더욱 어려워진다.

손숙통은 시류의 변화를 잘 읽은 이다. 한나라가 천하를 통일하자 예의를 간소화해 예악(禮樂)을 만들었다. 그러자 유생들이 전쟁으로 죽은 이를 장사지내지도 못한 채 황제에게 아부한다고 그를 비난했다. 그러나 황제는 손숙통이 시대의 책무를 알고 있다고 높이 평가했다. 공손홍은 변방에 군사를 두는 것에 반대하다가, 왕이 다른 견해를 밝히자 "산동 촌구석에 있었던 터라 그 이익이 그리 큰 줄 몰랐습니다."라고 자신의 발언을 바로 뒤

...

젊은 날에는
스스로의 능력에 자신감을 갖게 마련이다.
그저 갈 길을 가다 보면
돈과 명예가 따라올 것을 의심하지 않는다.
마흔이 넘어서면
이런 믿음은 깨지게 마련이다.
나의 길을 걷다 보면
돈과 명예란 부수적인 것이라는 젊은 날의 소신이
'감나무 아래서 입 벌리기'라는 것도 알게 된다.

집었다. 그 역시 한(漢)나라의 승상으로 생을 마감했다.

반면 공자는 인의 정치를 구현하기 위해 반겨주는 이 없는 고행을 계속했다. 사마천은 공자에 관해 훌륭한 제자들을 많이 키워냈으나 정작 자신의 정치적 생명은 매우 짧았다고 평가했다. 하지만 공자는 자신의 길을 고집해서 후대에 와서야 진가를 인정받았다. 오지 않는 때를 기다리며, 자신의 길을 뚜벅뚜벅 걷는 것이 얼마나 힘든지 공자는 보여준다.

자신의 뜻을 펼치면서 출세까지 한다면 더할 나위 없이 좋으리라. 무작정 기다리기만 해서는 자신의 뜻을 펼칠 때를 만나지 못할 수도 있다. 손숙통과 공손홍은 이사처럼 황제의 의도에 맞춰 자신의 의견을 개진했다. 그러나 바른 가치관을 가지고 시대적 상황에 따라 특정 의견을 조정한 것이다. 이사가 그른 가치관으로 악행을 저지른 것과는 상반된다. 유연한 사고를 했다고 해서 자신의 뜻을 굽혔다고 비난할 근거는 없다.

실제 공손홍은 찬반양론의 장단점을 객관적으로 거론해 황제 스스로 판단하도록 도왔다. 개인적인 견해로 사실을 왜곡하지 않아 황제의 신임을 받은 것이다.

가지는 흔들려도 뿌리는 뽑히고 싶지 않다

오랫동안 때를 기다린 한신, 시류를 이용했던 공손홍과 손숙통, 가난을 벗으로 삼고, 출세와 성공을 무의미하다고 믿으며, 시류를 아예무시한 백이와 숙제를 보면서 나는 어느 길을 따를지 쉽사리 발걸음이 떨어지지 않는다.

흔들리고
흔들려야
마흔이다

그러고 보면 올바른 가치에 뿌리를 두었다면, 가지를 어디로 뻗느냐는 것은 문제가 아닐 수도 있다. 어느 방향을 선택하느냐가 아니라, 어느 높이까지 자라느냐의 문제일지도 모른다. 어떤 선택을 하든지 뒤를 돌아보며 후회하기보다 앞을 보며 희망을 품는 것이 중요하지 않을까. 바른 가치관에 따라 길을 걷는다면, 어떤 길을 가든 끝은 한 곳일 것이라고 믿고 싶다. 개인적으로 손숙통의 마음가짐이 현실적이고 현명해 보였다. 때를 기다리다 지쳐 『사기열전』 속 수많은 인생을 다시 만난다면 생각이 바뀔지도 모를 일이지만, 세상을 해롭게 하지 않는다는 다짐을 깊이 뿌리내린 이상, 가지는 흔들리되 뿌리는 뽑히지 않을 것이라고 위안을 삼는다.

작품 『사기열전史記列傳』
저자 사마천(司馬遷, BC 145~BC 86 추정)
고전 판본 김원중 번역, 민음사 | 김민수 편역, 평단

첫 기전체(紀傳體·연도순이 아닌 인물별로 집필하는 방식) 역사서. 저자의 자(字)는 자장(子長)이다. 출생연도 및 사망연도는 기록이 없어 추정할 뿐이다. 『사기(史記)』의 전체 분량은 130편이며, '열전(列傳)'은 이 중 70편이다. 저자는 태사(太史·사관) 집안에서 태어나 유복한 환경에서 좋은 교육을 받았다. 스무 살 때 2년간 천하여행에 나섰고, 이 경험은 『사기』 저술의 근간이 됐다. 37세에 아버지의 죽음으로 태사령 벼슬을 물려받았고, 역사서를 집필하라는 아버지의 유언에 따라 42세부터 『사기』 저술에 착수했다. 하지만 47세에 동료의 실수를 변호한 것이 황제의 미움을 사 치욕적인 궁형(宮刑·남성의 생식기를 잘라버리는 형벌로, 사형에 버금가는 무거운 형벌이었다)을 받았다. 그런 상황에서도 사마천은 『사기』를 완성하겠다는 일념으로 집필에 전념해 56세에 『사기』를 완성했다.
"어떤 이의 죽음은 기러기 깃털보다 가볍고, 어떤 이의 죽음은 태산보다 무겁다. 내가 비록 소 아홉 마리 가운데 터럭 하나에 불과한 존재일지라도 역사 속에 이름을 남길 수 있다면 내 삶은 태산보다 무거운 삶이 될 것이다."
살아생전 사마천이 자신의 생에 대해 언급한 말이다.

04

고전에게
미래를
묻다

행복에 대한 러셀의 제안,
자신에 대해 무관심해져라

버트런드 러셀, 「행복의 정복」

아주 오랫동안 책장 한 켠을 조용히 지켜온 고전을 다시 읽기 시작하며 내면에서 울리는 질문은 한결 같았다.

"인생, 정말 살 만한 것일까?"

40년을 살아놓고 인생은 살 만한 것인지 되묻다니, 이처럼 실없는 물음이 어디 있을까. 너무 늦은 물음 같기도 했다. 이미 10대에 겉멋에 취해 친한 친구와 치기 어린 고민을 나누었다. 또 20대에는 소주잔을 기울이며 인생이 살 만한 것인지 심각한 토론을 반복했다. 그리고 지금은 기름에 튀긴 싸구려 땅콩과 맥주를 기울이기보다 고급 와인을 홀짝거릴 정도로 물질적인 환경은 좋아졌다. 하지만 여전히 술을 마시다 이르게 되는 마지막 종착역은 역시 허무한 인생이었다.

40대는 킬리만자로의 표범과 같은 '고독한 시기'라기보다, '마지막 사춘기'라고 불러야 할 것 같다. 직장 상사에 대한 뒷담화와 자식 걱정, 일등만 기억하는 사회에 대한 비판을 늘어놓다가 마지막에는 '왜 이러고 사는지' 라며 한숨을 내쉬는 것으로 마무리 한다. 술자리에 동석한 사람은 바뀌어도 매번 반복되는 레퍼토리다. 10대 때 겪은 '질풍노도의 시기'는 그나마 발전을 위한 시행착오라고 여길 수 있지만, 40대에 겪는 인생에 대한 고민은 별반 소득 없는 푸념이 될까 봐 두렵다.

그렇게 고민했어도 '인생은 살 만한 것인가'에 대한 질문을 풀지 못했으니, 이쯤 되면 앞으로도 시간만 허비하는 것은 아닐까 걱정이 된다. 우리는 허무한 인생을 바꿀 해결책을 찾기보다 '인생이 살 만한 것인가'라는 질문 자체를 의심해야 할지도 모른다. 어차피 죽지 못해서 살든 살고 싶어서 살든 살아야 한다면 '인생이 살 만한 가치가 있느냐, 아니냐'가 아니라 '어떻게 살 만한 가치가 있는 인생을 만들어가느냐'를 고민해야 한다는 의미다. 결국 인생의 본질적 문제는 '사느냐, 죽느냐'가 아니라 '행복하게 사느냐, 불행하게 사느냐'인 셈이다.

행복은 누구에게나 찾아오는 약속된 미래가 아니다

행복만큼 인류 역사에서 관심을 받은 화두도 없을 듯하다. 아리스토텔레스, 칸트, 쇼펜하우어 등 수많은 철학자와 구도자, 심리학자들이 행복이란 무엇인지, 어떻게 하면 인간이 행복하다고 느낄 수 있는지에 대해 연구했다. 그런데도 불구하고 지금도 행복이 연구 대상인 걸 보면 행복만큼 정의내리기 어려운 감정도 없는 모양이다. 분명한 것은 인간이라면 누구나 행복을 바라지만, 그 행복의 모습이 결코 같지는 않다는 점이다. 똑같은 상황에서도 어떤 이는 행복하다고 느끼는 반면, 어떤 이는 불행하다고 호소한다.

그 때문인지 행복을 연구한 철학자들이 내세운 행복의 조건에도 차이가 있다. 아리스토텔레스는 '인간이 지닌 잠재력을 최대한 발휘한 상태', 즉 자아실현을 행복이라 정의하면서 행복의 조건으로 지혜, 사랑, 선한 의지를 꼽았다. 반면 칸트는 '할 일이 있고 사랑하는 사람이 있고 희망이 있다면 당신은 지금 행복하다'라고 행복을 구체화했다. 또 인간이 살아가는 주요 목표가 행복이라고 생각한 달라이라마는 행복이나 불행은 '우리가 상황을 어떻게 받아들이며 자신이 가진 것에 얼마나 만족하는가에 달려 있다'라며 개인의 자세를 중요시 여겼다. 최근에 사회적 공감대를 얻고 있는 긍정심리학에서는 행복은 '인생을 이끌어가게 하는 진정한 영적인 에너지이며, 노력해서 얻을 수 있는 습관'이라고 정의를 내렸다.

행복을 둘러싼 이론의 홍수 속에서 내가 선택한 이는 러셀이다. 러셀은 왠지 철학자적인 느낌보다 인간적인 느낌이 나는 인물이다. 그는 자신이 행복하게 태어나지 않았고, 청년 시절에는 삶을 증오해서 자살의 유혹에 시달렸다고 고백했다. 자신뿐만 아니라 현대 세계에서 행복은 거의 불가능한 일이라고 생각할 정도로 그는 회의적이었다. 그러던 그가 삶을 즐기게 되었다고 한다. 직장 동료도 아니고, 20세기 최고의 지성이라 불리는 철학자가 불행했던 자신이 행복해진 과정에 대해 들려주겠다는데, 어떻게 관심을 갖지 않을 수 있겠는가!

게다가 러셀의 행복론은 상당히 명쾌해서 나처럼 철학적인 지식이 없는 이들이 이해하기 쉽다. 제목에서 알 수 있듯이 러셀은 행복이 누구에게나 찾아오는 약속된 미래가 아니고, 노력해서 정복해야 할 대상이라고 믿는다. 그 믿음을 바탕으로 크게 '행복이 당신 곁을 떠난 이유(Causes Of Happiness)'와 '행복으로 가는 길(Causes Of Happiness)'로 나누어 우리를 행복으로 안내한다.

행복하기 위해 반드시 버려야 할 것

『행복의 정복』은 행복에 대한 가장 명쾌하고 구체적인 책이다. 그가 보기에 불행의 원인은 단순하다. 아무 이유 없이 불행해하면서 그 불행의 원인을 우주의 본질로 돌리는 '바이런적 불행'에서부터 경쟁, 권태, 피로, 질투, 죄의식, 피해망상, 여론에 대한 공포까지 여러 가지 원인을 제시하고 있지만 불행의 원인을 뭉뚱그리자면 한마디로 자기 자신에 대한 과도한 관심과 몰입이다. 자기도취나 과대망상, 모두가 나만 미워한다는 합리적이지 못한 자기비하 등의 감정은 우리를 자기 안에 가두어 행복이 머물지 못하게 만든다는 것이다.

행복하기 위해 버려야 할 것은 바로 자기집착이다. 자기집착은 쉽게 말해 나를 중심으로 세상을 바라보는 것이다. 이러한 자기집착은 여러 불행의 요소를 낳을 수밖에 없는데, 대표적인 것이 쓸데없는 걱정이다. 러셀의 말대로 사람을 상하게 하는 것은 과로가 아니라 걱정이나 불안이다. 나의 경우, '내가 이렇게 행동하면 혹시 상대방이 나를 나쁘게 생각하지는 않을까?'라는 걱정을 한다. 또 어떤 때에는 내가 쉬면 큰일이 날 것 같아 휴가조차 제대로 쓰지 못한 적이 한두 번이 아니다. 이런 나에게 러셀은 "모두가 나를 보고 있다."고 생각하지 말라며 강편치를 날린다.

당신의 장점을 과대평가하지 말라. 다른 사람들이 당신에 대해 당신과 마찬가지로 관심을 갖고 있다고 상상하지 마라. 대부분의 사람들이 당신을 해코지하고 싶다는 생각을 가질 만큼 당신에 대해 골몰하고 있다고 상상하지 말라.

30대의 내가 송두리째 조롱당하는 기분이 들면서도 속이 후련해지는 통찰력이었다.

러셀 역시 불행했던 과거에서 벗어나 행복해질 수 있었는데, 바로 그 비결은 "내가 가장 갈망하는 것이 무엇인지 알아내서 대부분은 손에 넣었고, 본질적으로 이룰 수 없는 것들에 대해서는 깨끗하게 단념했기 때문이다."라고 서술했다. 이런 경험과 관찰을 통해서 러셀은 불행으로 고통받는 많은 사람들이 충분히 행복해질 수 있다는 믿음을 갖게 됐고, 자신의 믿음이 사람들의 상식이 되었으면 좋겠다는 바람에서 이 책을 집필했다고 언급한다.

이 책의 비결을 통해 불행을 겪고 있는 수많은 사람들 가운데 일부만이라도 자신이 처한 상황을 진단하고 거기에서 탈출할 방법을 찾기 바란다. 나는 불행으로 고통당하고 있는 수많은 사람들이 바람직한 방향으로 노력하기만 하면 충분히 행복해질 수 있다는 믿음에서 이 책을 썼다.

나에 대한 집착이 낳은 행복의 적, 경쟁

집착이 낳은 가장 큰 불행의 요소는 경쟁이다. 러셀은 현대인들이 성공하기 위해 경쟁한다고 말한다. 하지만 성공이 인생의 목적인 사람은 성공 이후에는 권태의 먹이가 될 수밖에 없다고 지적한다. 할 일이 없는 것을 참을 수 없으니 다른 자극을 찾아나서야 한다. 경쟁은 쳇바퀴처럼 계속된다. 바로 이와 같은 경쟁이 행복한 인생을 방해하는 중요한 저해요소라고 러셀은 지적한다.

> 대부분 미국인들은 안전한 투자를 위해 4%의 이익을 거두기보다 위험한 투자를 해서 8%의 이익을 얻는 것을 선호한다. 결국 이들은 자주 타격을 입게 되고 끊임없는 근심과 걱정에 시달린다. 나는 돈이 있으면 생계를 걱정하지 않으면서 여가를 즐기고 싶다는 생각을 한다. 하지만 일반적으로 현대인들은 돈이 있으면 그것을 이용해 더 많은 돈을 벌고, 돈이 많은 것을 과시하면서 이제껏 엇비슷하게 살던 사람들을 따돌린 채 호사스럽게 살기를 원한다.

이 책을 읽으면서 그동안 나는 스트레스라는 가벼운 용어로 내 삶을 불행으로 이끄는 경쟁의 부작용을 외면하고 있다는 사실을 깨달았다. 러셀의 지적대로 경쟁사회에 매몰되면 스트레스를 받는 것이 아니라 '불행'해진다! 스트레스와 불행은 어감만큼이나 차이가 크다. 만일 경쟁에만 집중하는 것이 불행의 지름길이라면, 경고를 심각하게 받아들여야 한다. 불행은

술 몇 잔이나 여행을 통한 기분전환으로 해결되지 않는 근원적인 문제니 말이다. 하지만 스트레스는 소주 한 병으로 쉽게 치유되는 일시적인 증상이다. 스트레스라는 단어는 경쟁을 순화시켜 이를 지각하지 못하도록 만든 덫일지도 모른다.

행복해지기 위해 노력해야 할 것

러셀의 진단법에 따르면, 경쟁에 매몰된 나는 신경쇠약에 걸리기 직전의 상태이다. 바쁜 생활 속에서 행복과 불행에 관심을 둘 여유조차 없었다. 그렇다고 행복해지기 위해 얼마 되지도 않는 사회적 지위와 월급 등을 버리고 방외지사(方外之士 · 제도권에서 떠나 있는 선비)가 될 용기도 없었다. 다행히 러셀은 나 같은 '현실안주형 인간'도 노력하면 행복을 찾을 수 있는 해결책을 제시한다.

그것은 바로 나 이외의 것에 대한 관심이다. 앞에서 언급했듯이 청년 러셀은 늘 자살의 유혹에 시달렸지만 그가 네 번의 결혼을 하면서 97세까지 장수할 수 있었던 비결은 수학을 좀 더 알고 싶다는 욕구 때문이었다고 한다.

자신의 경험을 발판으로 이 책 곳곳에는 행복해지기 위한 비결로 우호적인 시선, 따뜻한 사랑, 열의 등과 같은 삶의 자세를 무척 강조한다.

가능한 한 폭넓은 관심을 가져라. 그리고 가능한 한 당신이 흥미를 갖고 있는 사물이나 인간에 대해 적대적이기보다 우호적인 반응을 보여라.

근본적인 행복은 무엇보다 이른바 인간과 사물에 대한 우호적인 관심에 달려 있다.

인생에 대해 열의를 갖고 따뜻한 사랑을 주고받으며 원만한 가정과 헌신할 수 있는 일을 가지고 있는 한 인간은 누구나 행복해질 수 있다.

세상에 대한 관심은 취미에 몰두하는 것도 포함된다.

어떤 취미에 몰두하는 것은 드러나지 않는 신념에 헌신하는 것과 같다. 생존하는 가장 저명한 수학자 중의 한 사람은 그의 시간을 수학 연구와 우표 수집에 동등하게 분배하고 있다. 우표 수집은 수학 연구에서 진전을 보지 못할 때에 위안이 되리라고 나는 생각한다.

러셀은 사소하고 즐거운 일에 집중함으로써 경쟁에서 꽤 긴 시간 눈을 돌릴 수 있을 뿐만 아니라 자신의 일에 더욱 열정을 불태울 수 있다고도 했다. 러셀의 경험과 주장대로 취미는 열정을 불태울 수 있는 훌륭한 도구이며, 열정은 행복을 위한 또 하나의 중요한 열쇠다.

행복은 정복하기 위해 고군분투하는 과정일지도 모른다

러셀이 말하는 행복론은 나에 대한 관심을 멈추고 되도록 외부 세계에 폭넓은 관심을 가지는 것, 그리고 외부의 사물이나 사람들에게 따뜻한 반응을 보이는 것이다. 이 얼마나 간결한가.

사실 우리에게는 행복에 대한 환상이 있다. 행복을 찾기 위해 먼 길을 떠났는데 알고 보니 바로 내 옆에 있었다는 파랑새 동화에서부터 하루에 감사할 일에 대해 네 번씩만 적어 보면 행복해진다는 것까지 행복에 대한 방법론을 이야기하는 책들은 행복은 그리 어려운 일이 아니라고 말한다. 아이러니한 것은 그렇게 쉬운 일인데 우리 주변에는 행복한 사람들보다 불행한 사람들이 압도적으로 많다는 것이다.

러셀의 행복론에 공감이 가는 것은 간단명료하면서도 현실적이라는 점이다. 현실적이라는 점은 단지 나는 행복하다라는 마음의 주문을 넣는 것이 아니라 구체적이고 실천 가능한 지침이라는 의미이다.

나에 대한 관심을 접고, 외부 세계로 폭넓게 관심을 가질 것!

러셀의 조언대로 행복해지기 위해 나는 마흔이 되는 해에 걱정을 멈출 휴식을 줄 참이다. 아이 교육 걱정, 집값 걱정, 직장 걱정은 지난 20여 년 동안 충분히 해왔고, 앞으로 살아가면서도 계속할 고민이다. 단 1년만이라도 걱정 휴식년제를 갖고 폭넓은 것에 대한 관심을 가질 기회와, 충분한 잠과, 취미를 즐길 시간을 갖고 싶다.

이런 노력으로 내가 행복해질지는 나 역시도 모른다. 그렇더라도 나는 이런 노력을 계속해 나갈 생각이다. 어쩌면 행복은 우리가 그토록 가고 싶은 종착역이 아니라 이처럼 고군분투하는 과정일지도 모른다.

작품 『행복의 정복 Conquest Of Happiness』
저자 버트런드 러셀(Bertrand Russell, 1872~1970)
고전 판본 이순희 번역, 사회평론

1930년 작. 러셀은 20세기 최고의 지성인 중 한 명으로, 노벨문학상 수상자이며 핵 반대를 외치던 사회사상가이고, 기호논리학을 집대성한 논리학자, 철학자, 수학자다. 케임브리지 대학을 졸업하고 강사가 됐으나 제1차 세계대전 중 반전운동에 참여하면서 사직하고, 저술에만 전념했다. 철학, 수학, 과학, 역사, 교육, 윤리학, 사회학, 정치학 분야에서 40권 이상의 책을 펴냈다. 사회변혁운동에도 꾸준히 참여했다. 자유로운 사상을 토대로 비판적인 발언을 서슴지 않아 '두려움 없는 자유언론의 옹호자(a fearless champion of free speech)'라고 불렸다. 그럼에도 불구하고 러셀은 자살하고 싶을 정도로 불행했다고 한다. 그런 그가 『행복의 정복』이라는 책을 쓴 것은 바로 이 책을 쓸 때쯤인 50대 후반에는 삶을 즐길 정도로 행복해졌기 때문이다. 이 책을 쓰기 위해 러셀은 많은 사람들을 만나고, 또 많은 곳을 여행했다고 한다. 그러면서 자신도 행복해질 수 있었다고 하니, 이 책은 불행했던 러셀이 행복을 찾게 된 과정과 노하우가 담겨 있다고 할 수 있다. 그래서인지 자살 충동에 시달렸던 그가 97세까지 장수했다.

...
단 1년만이라도 걱정 휴식년제를 갖고
폭넓은 것에 대한 관심을 가질 기회와, 충분한 잠과,
취미를 즐길 시간을 갖고 싶다.
아이 교육 걱정, 집값 걱정, 직장 걱정은
지난 20여 년 동안 충분히 해왔고,
앞으로 살아가면서도 계속할 고민 아닌가!

노년의 삶을 준비하는 시기,
마흔

키케로, 「노년에 관하여」

마흔, 인생의 반환점을 가까스로 도는 나이다. 2011년 한국인의 평균 수명은 남성 77.6세, 여성은 84.5세였다. 평균적으로 42년 4개월 정도 더 살수 있다. 인생의 절반을 살았고, 무탈하다면 그만큼의 시간을 다시 살아야 한다. 인간의 몸은 참으로 정직해서 인생의 반환점에 다다르면 신기하게도 여러 가지 징후가 나타난다. 흰머리, 아랫배, 팔자 주름, 눈가 주름, 건망증……. 이런 신호가 뚜렷해질수록 겸손해진다. 겸손이 이끄는 길목에 '어떻게 나이 들어갈 것인가', '남은 인생은 어떻게 살아갈 것인가'라는 고민이 기다리고 있다.

막 이런 고민을 시작할 때쯤 내 눈에 들어온 것이 '고전'이었다. 직장에서 살아남기 위해 안간힘을 쓸 때는 '자기계발서'들이 나를 지탱하고 한 발짝 더 나아가게 해주는 버팀목이 되어 주었다. 하지만 겸허한 자세로 인생을 되돌아보는 데는 해답을 주지 못했다. 임시방편적인 해결책을 제시할 뿐 더 이상 에너지를 주지 못했다. 반면 고전은 뿌리가 튼튼한 나무처럼 든든한 모습으로 나를 사색과 성찰로 이끌었다.

키케로의 『노년에 관하여』는 우아한 노년을 맞이하고픈 생각에 선택한 고전이다. 연금보험, 노후보장 설계와 같은 경제적인 노후 준비가 아니라 늙는다는 것에 대해 어떻게 받아들여야 할지 마흔이 되기 전에 한 번 정도는 인문학적으로 생각해 보고 싶었다. 마흔을 앞둔 나에게 노년은 먼 미래의 일이지만, 지금부터 준비해야 할 나의 미래라는 생각이 들었던 것이다.

노년의 짐을 가볍게 지고 싶어 한 키케로의 유언장

『노년에 관하여』는 키케로가 깊은 우정을 나누었던 친구 아티쿠스에게 "노년이라는 공동의 짐에서 함께 벗어나보자."라며 헌정한 글이다. 친절하게도 키케로는 현명한 노인 카토가 청년 라일리우스와 스키피오에게 노년에 관한 생각을 차근차근 들려주는 방식으로 글을 풀어간다. 뛰어난 정치가이자 변론가였던 카토를 비롯해 이들은 모두 실존 인물이다. 당시 키케로가 보기에 카토는 노년을 매우 모범적으로 보내는 인물이어서 그의 입을 빌렸다고 한다.

노년은 우리 시대뿐 아니라 기원전 44년에도 '짐'이었던 모양이다. 기원전 44년에 출간된 이 작품에서도 노년은 이렇게 묘사되어 있다.

지금은, 다만 노년에 대한 글을 써서 당신에게 바치는 것이 좋겠다고 생각한 거라오. 벌써 코앞에 와 있거나, 아니면 적어도 가까이 다가오고 있는 노년이라는 무거운 짐은 나나 당신에게 공통되는 것이고, 당신도 나도 이 짐을 가볍게 지고 싶다는 생각은 똑같을 테니 말이오.

사실 키케로의 말년은 평탄치 않았다. 카이사르와 대립해 정치적으로 고립돼 은둔 생활을 했다. 사랑하는 딸을 잃는 아픔도 겪었다. 하지만 그는 삶의 마지막 순간에도 인생을 허투루 낭비하지 않았다. 키케로는 62세의 나이에 이 책을 집필하고 이듬해에 세상을 떠났다. 그 때문에 『노년에 관하여』는 키케로의 유언장으로 불린다. 노년기를 앞둔 다음 세대에게 행복한 노년을 준비할 구체적인 지침을 준다는 의미에서도 진심이 담긴 유언장으로 볼 만하다.

노인에 대한 네 가지 오해

카토가 두 젊은이에게 전하는 노년에 관한 메시지는 간결하다. 그는 노년은 피하고 싶은 형벌이 아니라 '스스로를 지켜나간다면, 자신의 권리를 유지해 나간다면, 누구에게도 예속되지 않는다면, 마지막 순간까지 자신의 것들을 다스려 나간다면 노년은 매우 영예로운 인생의 한 시기'라고 정의한다.

그러면서 우리가 노년을 두려워하는 이유 네 가지를 든다. 첫째, 일을 할 수가 없다. 둘째, 몸이 허약해진다. 셋째, 거의 모든 쾌락을 앗아간다. 넷

째, 죽음으로부터 멀지 않다. 그는 이렇게 정리한 후 이것들에 관해 근거를 들어 조목조목 반박한다. 그러므로 『노년에 관하여』는 바로 노인에 대한 이와 같은 네 가지 오해를 바로 잡아주는 글이라고 할 수 있다.

우선 노인이 일을 할 수 없을 거라는 오해부터 살펴보자면, 키케로 역시 노인이 몸을 활발하게 움직이는 노동은 하기 어렵다고 인정한다. 하지만 지혜를 나누어 주는 활동은 계속할 수 있다는 점에 주목한다. 화자인 카토는 젊은이들에게 병사로서 장군으로서 전쟁을 수행해 온 자신이 지금 싸우고 있지 않다고 해서 아무것도 하지 않는 것으로 봐서는 안 된다며, 나라를 위해 주전론을 주장하는 등 전쟁에 대해 원로원에 어떤 조언을 하고 있음을 밝힌다.

그리고 노인의 가치를 이렇게 정리한다.

무모함은 한창 때인 젊은이의 것이고 분별력은 늙어가는 세대의 것이라는 얘기일세.

카토는 중요한 일들이 육체의 힘이나 속도, 기민함이 아니라 사려 깊음과 권위와 식견으로 이루어진다고 여겼다. 또 노년은 그런 것들을 빼앗아갈 수 없을 뿐만 아니라 오히려 증진시킨다고 믿었다.

또 몸이 허약해지는 것에 대해서는 자연의 순리에 따라 늙어감을 인정할 것을 권한다.

삶의 여정은 정해져 있으며 자연의 길은 하나이며 단순하지. 또 인생의 각

시기에 적절한 특징이 주어져 있다네. 그리하여 유년기의 연약함, 청년기의 격렬함, 중년기의 장중함, 노년기의 원숙함은 각 시기에 거두어져야만 하는 자연스러움을 지니고 있다네.

자연과 인생에 대한 키케로의 성찰은 참으로 탁월하다. 그는 "포도보다 감미롭고 보기에도 아름다운 것은 없다고 말하면서 기쁜 것은 열매만이 아니라 대지 자체의 기능과 본성이다."라고 대지의 중요성을 강조하고 있는데, 이 글을 읽으며 나는 열매에서는 젊음을, 대지에서는 늙음을 떠올렸다. 성과를 추구하는 젊음만이 빛나고 소중한 것이 아니라 순리에 따르는 노후의 조용한 삶 역시 아름답고 소중하게 여겨야 한다는 말로 해석됐기 때문이다.

물론 키케로가 늙어가는 것을 가만히 지켜만 보라고 한 것은 아니다. 그는 건강에 주의를 기울이고, 적절한 운동을 하고, 체력을 축적하기 위해 충분한 음식과 음료를 섭취할 것을 권한다. 또 육체를 돌보듯 정신과 마음을 보살필 것도 당부한다.

키케로에게 노년은 더 이상 젊음의 열정을 탐하지 않기에 자유로운 시기이자 헛된 쾌락에서 벗어나 철학에 전념할 수 있는 새로운 호기였던 것 같다.

그가 이 책에서 모범이 되는 노년의 삶으로 언급한 인물들의 면면을 봐도 그렇다. 여든한 살까지 글쓰기에 집중하다가 세상을 떠난 플라톤, 아흔네 살 까지 『파네규리코스』 작품을 쓴 이소크라테스, 백일곱 살이 지나서도 학문 연구와 일을 게을리하지 않았던 이소크라테스의 스승 고르기아스,

나이 들어서도 매일 뭔가 새롭게 배우면서 늙어가는 것을 기뻐한 시인 솔론, 늦은 나이에 현악기를 배운 소크라테스…….

카토 역시 만년에 그리스 문학에 심취했던 것으로 알려져 있다. 그의 표현에 따르면 "마치 오랜 갈등을 풀려는 듯이 열심히 공부한 덕"에 노후가 편안했다고 한다.

키케로에게 딴지를 걸어 보다

우리가 시각을 바꾼다면 노년이 진정으로 풍요한 시기이며, 인생의 과실을 거두면서 음미하는 시기라는 키케로의 말에 공감할 수 있다. 하지만 현실을 무시할 수 없었다. 현실 상황에서 그와는 상반되게 노년기를 보내는 경우를 자주 목격했기 때문이다.

키케로는 "인생의 마지막 시기가 중년기보다 행복했는데, 그 시기는 일을 점점 적게 하면서도 점점 많은 영향력을 가졌기 때문"이라고 설명했다. 지금 세상은 어지러울 정도로 급변한다. 아버지 세대는 타자기도 구경하기 힘들었지만 우리는 손바닥 만한 컴퓨터를 들고 다닌다. 세대 간의 경험이 전혀 다르니, 전 세대는 '원로'가 되기보다는 자칫 '퇴물'이 되기 싶다. 우리 역시 은퇴 이후 사회에 어떤 기여를 할 수 있을지 의문이 생긴다.

쾌락에 대한 이야기도 마찬가지다. 그는 젊었을 때와 달리 노인이 되어서는 짜릿한 쾌락을 추구하지 않아도 되는 것이 오히려 축복이라고 말한다. "욕망, 야망, 다툼, 불화, 모든 열망 등 이러한 것들과의 전쟁이 끝난 후 마음이 자기 자신 곁에 있고, 소위 마음이 자신과 함께 사는 것이 얼마나 좋은 일인가.”라고 반문한다. 또 “노인이 되면 쾌락에 대한 바람조차 사라진다. 바라지 않으면 아무런 부담도 되지 않는다.”며 젊은이가 보기에 노인이 쾌락을 누리지 못하는 것으로 보이겠지만 결코 쾌락이 결여된 것은 아니라고 말한다. 감각적인 쾌락이 사라지는 대신 정신적인 쾌락은 남으므로 충분히 즐길 수 있다는 것이다.

나는 그러한 향연의 기쁨을 육체적인 쾌락보다 친구와의 교제와 대화에서 찾았다네. 친구들끼리 편안하게 누워서 연회를 즐기는 것을 우리의 조상들이 콤비비움(함께 사는 것)이라고 이름 붙인 것은 거기서 삶의 유대를 보았기 때문이지.

과연 쾌락이 사라진 평온한 노년이 가능한 것일까. 노년기의 성생활이 화제가 되고, 불미스런 범죄도 종종 일어나는 것을 보면, 쾌락이란 게 나이가 들면서 자연스럽게 소멸되는 것은 아닌 것 같다. 게다가 쾌락을 갈망하면서 쾌락을 즐길 수 없다면 날마다 그 갈증으로 고통스러울지도 모른다. 더구나 돈만 있다면 뭐든 살 수 있는 세상 아닌가. 쾌락까지 말이다. 그래서 현대 사회에서는 노년기에 쾌락이 사라지기를 기대하기보다 쾌락을 통제하는 절제력을 기르는 것이 중요해 보인다.

나이 들어서 성공하는 사람들이 많았으면 좋겠다

이런 나의 의문에 키케로는 어리석은 자만이 자신의 결점과 잘못을 나이

탓으로 돌린다며, 만일 나이가 들수록 무능력하거나 탐욕스러워진다면, 그건 늙음 때문이 아니라 개인의 어리석음과 집착 때문이라고 일침을 놓는다.

기원전 44년에 예순 살이었던 키케로한테 2000년대에 40대를 사는 우리가 지혜를 묻는 일이 헛되어 보일지도 모른다. 그럼에도 논리적으로 오류가 없는 그의 말을 들으면 마음이 편안해진다.

키케로가 강조하는 노후 준비는 체력에 집착하지 않으며. 새로운 것을 배우는 일을 게을리 하지 않고, 육체와 마음을 돌보는 마음가짐을 갖는 것이다.

막연한 불안감으로 이중삼중으로 연금을 들고 저축하는 나를 비롯한 중년들이 새겨들어야 할 말임에 틀림없다. 또한 나이 듦을 죄악처럼 취급하는 현대인들이 곱씹어 봐야 할 조언이기도 하다.

우리는 오래 살기를 바라지만 늙는 것은 싫어한다. 텔레비전을 켜보자. 동안을 유지하기 위한 음식과 운동, 수술 등을 밤낮없이 소개하며, '누구나 젊어질 수 있다'고 우리를 끊임없이 유혹한다.

주변을 돌아보면 과학과 의학의 발전으로 제 나이로 보이지 않는 사람이 늘어난 것도 사실이다. 중년보다 젊어 보이는 외모라는 뜻에서 '꽃중년'이란 말이 유행이더니, 이제는 '꽃노년'이 회자되고 있다. 젊음의 묘약을 찾아 헤매다 보니 이와 관련된 산업은 날로 성장하고 있는 추세다. 이 때문에 젊음과 늙음이 마치 계급의 위아래로 느껴지기까지 한다. 경제력이 있으면 젊음을 유지할 수 있고, 그렇지 않으면 쉽게 늙는 세상처럼 보이는 것이다. 하지만 인간은 누구나 나이를 먹는다. 마흔은 이 불변의 진리를

...
우리는 오래 살기를 바라지만 늙기는 싫어한다.
텔레비전을 켜보자.
동안을 유지하기 위한
음식과 운동, 수술 등을 밤낮없이 소개하며,
'누구나 젊어질 수 있다'고
우리를 끊임없이 유혹한다.
하지만 인간은 누구나 나이를 먹는다.

부모님의 일이 아니라 나의 일로 받아들이는 시기인 것 같다. 우리가 늙음에 저항하여 거꾸로 젊음만 추구한다면, 결승점을 앞두고는 갑자기 출발점을 향해 뛰는 것과 같다.

늙는다는 것이 막연히 두려운 마흔들에게 꼭 한번 키케로와 마주할 것을 권한다. 당대 최고의 변론가 카토의 입을 통해 펼치는 노년의 조용한 삶은 늙는다는 것이 형벌이 아니라고 격려하기 때문이다.

키케로가 보여준 희망은 모든 평범한 마흔 중년들을 위로하고도 남음이 있다.

작품 『노년에 관하여 Cato Maior de Senectute』
저자 키케로(Marcus Tullius Cicero, BC 106~BC 43)
고전 판본 오흥식 번역, 궁리

기원전 44년 작. 로마의 철학자인 저자는 뛰어난 웅변 능력으로 무명변호사에서 로마의 국부에까지 올랐다. 정치적 이상은 공화정을 지키는 것이었다. 항상 웃고, 남을 시기하지 않고, 칭찬에 후했으며, 돈에 무관심했고, 너그러운 태도를 갖추었다. 공직에 들어선 지 12년 만에 1인자인 집정관으로 올랐고, 정적 카틸리나의 무력봉기 음모를 사전에 막아 국부의 호칭을 얻었다. 카이사르가 크라수스 및 폼페이우스와 삼두정치를 할 때 끈질기게 구애했으나, 폼페이우스의 편에 섰다. 이후 카이사르의 시대가 시작되자 학문에만 몰두했다. 이때 아내와 이혼했고, 딸은 병으로 사망했다. 가족을 잃는 고통 속에서도 삶에 대한 강인한 의지를 보여주는 『노년에 관하여』는 그의 저작 중 가장 대중적인 사랑을 받는 책이다. 카이사르가 암살되자 정계에 복귀해 옥타비아누스를 도왔지만 결국 암살됐다.

고전에게
미래를
묻다

운명의 절반은
바꿀 수 있다
마키아벨리, 「군주론」

『군주론』에 등장하는 인물들은 세상을 쥐락펴락했던 군주들이다. 마키아벨리는 역사 속의 쟁쟁한 군주들을 예로 들어 이들이 어떤 이유로 국가를 잃게 되었는지, 어떤 통치 방식으로 국가를 키워 나갔는지를 조목조목 설명하고 있다. 그는 『군주론』을 메디치 가문에 바침으로써 정치적인 재기의 발판을 삼는 한편, 군주에게 정치를 가르쳐 조국인 이탈리아가 분열에서 통일로 나아가는 데 기여하기를 바랐다. 이상적인 정치가 아닌 현실적인 정치를 다룬 만큼 그의 철학은 냉혹하기 짝이 없다.

군주는 먼저 권력을 잡기 위해 힘의 세계에서 승리해야 한다. 수단과 방법이 중요하지 않다.

군주는 여우와 사자를 모범으로 삼아야 한다. 함정을 알아차리기 위해서는 여우가 될 필요가 있으며, 늑대를 물리치려면 사자가 될 필요가 있다. 여우를 가장 잘 모방하는 자들이 가장 커다란 성공을 거두었다. 하지만 여우다운 기질을 들키지 말아야 한다. 군주는 능숙한 사기꾼이자 위선자여야 한다. 인간은 너무나 순진하여 순간적인 요구에 너무나 쉽게 움직인다. 그래서 능숙한 위선자는 쉽게 속는 수많은 사람들을 언제나 발견하게 된다.

이처럼 마키아벨리는 군주는 어질고 정의로워야 한다는 상식을 정면으로 반박했다. 윤리적인 잣대로 정치의 옳고 그름을 따질 수 없으며, 명분을 쫓거나 자비를 베풀려다 국가와 국민을 보호하지 못하는 것이야말로 군주가 피해야 할 일이라고 강조했다. 책이 출간된 16세기, 교황청이 '악마의 책'이라며 금서로 지정했을 만큼 혁명적인 사상이었다.

이상이 아닌 현실의 정치는 도덕적인 것과는 거리가 멀다. 이는 누구나 알고 있는 불편한 진실이다. 이를 무모할 만큼 가식 없이 드러내는 것은 요즘 같은 시대에도 지탄을 받는다. 이 때문에 10년 전이나, 지금이나『군주론』을 읽으면서 마음 한 구석이 불편해지는 것은 여전했다. 다만 권모술수의 진검이 오가는 현실 속에서 단련된 탓일까. 마키아벨리의 솔직한 통찰에 자주 고개를 끄덕이고 있는 나를 발견했다. 군주의 삶을 범인의 삶에 대입하면서 책에 몰입하게 된 것이다.

현실을 직시하자

마키아벨리는『군주론』에서 가장 이상적인 군주로 서슴없이 체사레 보르자(발렌티노 공작)를 꼽았다. 그는 교황 알렉산데르 6세의 아들이었으나 '교황의 군주'라고 불렸던 추기경의 자리를 반납했다. 대신 교회 군대의 총사령관이 되어 많은 지역을 정복했다. 그는 좌우명을 '카이사르가 아니면 무(無)'라고 할 정도로 자신만만했다. 적을 많은 재물로 회유하여 안심한 적장이 자신의 성에 찾아오면 살해한 뒤, 장군을 잃었다는 두려움에 빠진 적장의 부하들을 포섭할 정도로 권모술수에 능했다. 그리고 자신을 도운 적군의 영주들이 백성들에게 폭정을 해왔다는 이유로 처형하기도 했다. 그는 빠르게 판단하고, 과감하게 실행했다. 사자와 여우의 모습을 두루 갖춘 군주였다.

체사레 보르자는 능력 있는 군주일지는 모르나, 정의로운 군주는 아니었다. 『군주론』을 읽으며 체사레 보르자가 이상적인 군주로 칭송받는 것에 대해 은근히 반감이 솟아났다. 이탈리아가 정치적으로 불안했던 만큼 강력한 군주에 대한 열망이 발현된 것이라는 배경을 이해한다 하더라도 선뜻 동의할 수가 없었다.

마키아벨리는 『군주론』을 쓰면서 '군주에 대한 환상을 접어두고 실제 현실에서 일어나는 일들을 생각해 볼 것'이라고 먼저 제안했다. 그의 제안에 따라 옳고 그름을 젖혀둔 채 가만히 현실을 돌아봤다. 권력이 필요한 정치인이 아니더라도 우리는 날마다 권모술수를 사용하며 살아간다. 선한 리더보다 능력 있는 리더를 좋아하는 것도 사실이다. 성과로 모든 것을 평가받는 직장에서는 당연하다고 합리화하면서 말이다. 그는 "신중한 군주는 권력을 잃을 정도로 악명을 떨치지 말아야 하며, 정치적으로 위험하지 않은 악덕이라도 피해야 한다."라고 가정하면서도 "모든 것을 신중히 생각해 볼 때 고결해 보이는 행동은 파멸을 초래할 수 있는 반면, 사악해 보이는 행동은 지위를 강화하고 번영을 가져올 수 있다."고 지적한다. 모두가 알면서 외면했던 현실을 가감 없이, 숨김없이 드러냈다는 점에서 『군주론』은 높이 살 만하다.

수단과 방법을 가리지 않고 살아가는 이유는 무엇일까?

마키아벨리의 정치 철학은 인간 본성에 대한 비관적인 전제에서 시작된다. 그는 "인간은 흔히 배은망덕하고 변덕스러우며 사기꾼에다 위선자이며 위험을 피하려 하고 이에 혈안이 되어 있다고 말할 수 있다."고 단정한다. 명백한 성악설이다. 군주는 이런 인간의 마음을 얻어 국가를 통치해야 한다. '정치를 잘 한다'의 의미는 사람의 마음을 읽고 권력에 대한 동의를 얻어내는 것이다. 그래서 필요하다면 너그럽기보다 인색하고, 자비롭기보다는 잔혹하고, 정직하기보다 교활할 수 있어야 한다.

> 모든 군주는 잔혹하다는 평판보다는 자비롭다는 평판을 얻어야 한다고 생각한다. (…) 나의 견해는 존경의 대상이 되는 것과 동시에 두려움의 대상이 되는 것이 바람직하지만 이 둘 모두를 함께 성취하기는 힘들기 때문에 둘 중 하나를 선택하라면 존경받기보다는 두려움의 대상이 되는 쪽을 택하겠다. (…) 두려움을 불러일으키는 군주보다는, 자신들이 존경하는 군주를 해칠 때 인간은 덜 주저하기 마련이다. (…) 하지만 두려움은 처벌에 대한 공포로 유지되기에 항상 효과가 있다.

너그럽다는 평판도 마찬가지다. 너그러워지고자 하는 행동이 오히려 군주에게 해가 될 수도 있다. 사람들이 알아줄 만큼 너그러워지려면 아낌없이 허세를 부려야 한다. 군주는 당연히 자원을 소진하게 될 것이고 세금을 거둬들이거나 부정하게 돈을 모을 수밖에 없다. 군주의 너그러움으로 해를 입은 사람은 많고 이득을 본 사람은 적어 불평불만은 쌓여간다. 뒤늦게 이를 깨닫고 수정하고자 하면 곧바로 인색하다는 악평을 얻게 될 것이다. 차라리 너그럽지 못하다는 평판을 얻는 편이 낫다. 권모술수에 능해야 하지만, 그럼에도 경멸받거나 증오의 대상이 되어서는 안 된다.

> 군주는 마치 위험한 암초를 피하듯 경멸을 피해야 한다. 군주는 자신의 행동에 위엄, 용기, 진지함과 용맹을 드러내도록 노력해야 하며, 백성들의 사사로운 분쟁에 대한 자신의 판정을 번복하지 않도록 노력해야 한다. (…) 군주는 증오의 대상이 될 일은 다른 사람들에게 떠넘겨야 한다. 그러나 인기가 올라갈 일은 직접 해야 한다. 군주는 귀족들을 존중해 주어야 하지만 백성들로부터 미움을 사는 일을 해서는 안 된다는 점을 다시 한 번 강조한다.

셉티미우스 세베루스(재위 192~211)와 막시미누스(재위 310~313), 두 로마 황제는 잔인하고 탐욕스러웠다. 그러나 세베루스는 성공적으로 제국을 다스리지만 막시미누스는 자신의 군대에 의해 살해당한다. 두 황제의 극단적인 삶은 존경을 얻느냐, 경멸을 받느냐의 차이에서 비롯된다. 막시미누스는 트라키아 지방에서 양치기 생활을 했던 미천한 가문 출신이라는 이유로 멸시의 대상이 됐다. 집권 초기, 로마에 가서 황제의 왕위에 오르는 것을 우유부단하게 나중으로 미루었다는 점도 지탄을 받는다. 그동안 그의 명령을 수행하는 지방 장관들이 로마를 비롯해 제국의 여러 지역에서 잔인한 행위를 수없이 저질렀기 때문이다. 결국 군대도, 원로원도, 백성도 막시미누스에게 등을 돌리게 된다.

로마제국이라는 특정 시대에, 황제라는 특정 지위를 가진 군주의 이야기만은 아니다. 우리의 일상생활에 비추어 봐도 충분한 설득력을 갖는다. 우리가 다니는 직장만 해도 이미 여우와 사자로 가득하다. 직장 내에서 존경을 받는 상사는 쉽게 밀려나지만, 두려움을 주는 상사의 권위는 쉽사리 도전받지 않는다. 늘 인색하던 상사가 밥을 사는 것이, 후한 상사가 밥을 사는 것보다 훨씬 더 기억에 남는다. 집안이나 학벌이 든든한 배경을 가진 상사보다 어렵게 자수성가한 상사의 잘못에 더욱 가혹한 평가를 하곤 한다. 마치 막시미누스가 황제가 된 뒤에도 경멸을 받았듯이 말이다.

우리가 이전투구로 살아가는 현실은 고상하기는커녕 비루하기 짝이 없다. 부정하고 싶지만 인간이란 본래 나약하고, 어질지 못한 면이 강하다. 군주가 사라진 시대에도, 독자의 반감을 불러일으키면서도 『군주론』이 꾸준히 읽히는 이유는 마키아벨리의 솔직한 통찰력 때문인 듯하다.

마키아벨리의 탁월한 현실 분석에서 비롯된 처세술에 공감한다 하더라도, 배반과 음모를 일삼는 하루하루가 '도대체 왜 필요한가?'라는 질문 앞에선 답을 찾을 수는 없었다. 기술은 배웠지만 무엇을 위한 기술인지 알 수 없는 것처럼 말이다. 군주가 정치를 잘한다면 권력을 유지하기 위해서일 터다. 범인이 정치를 잘한다면 사람의 마음을 얻어 원하는 바를 성취하기 위해서일 것이다. 실제 우리는 목적이 무엇인지도 모른 채, 수단과 방법만 익히고 있는 것일지도 모른다. 해답은 마지막 장에 이르러서야 찾을 수 있었다.

운명에 맞서라

마키아벨리는 인간의 본성에 대해서는 비관적이지만, 인생 자체에 대해서는 긍정적이었다. 그는 14년 동안 이탈리아 피렌체의 고위 공직자로 살았으나 메디치 가문이 권좌에 복귀하자 하루아침에 추방된다. 반역죄에 연루돼 감옥생활까지 했다. 그 후 1527년 58세로 세상을 떠날 때까지 15년간 한 번도 권력의 중심으로 돌아가지 못했다. 그럼에도 그는 인간의 힘으로 운명을 개척할 수 있다고 믿었다. 현실을 정확히 이해하고 병법을 제대로 이해한다면 아무리 힘든 상황에서도 국가를 세울 수도 있다는 『군주론』역시 인생에 대한 그의 긍정적인 인식이 반영된 것이다. 그런 점에서 세상의 중심에 신이 아닌 인간을 세운 르네상스 시대의 대표적인 사상가로 불릴 만하다. 『군주론』의 마지막 부분에 나오는 '인간사에 미치는 운명의 힘과 운명에 대처하는 방법'을 읽어보면 그가 인간의 힘으로 운명을 개척할 수 있다고 믿고 있음을 알 수 있다.

다시 처음으로 돌아가 보자. 승승장구하던 체사레 보르자는 모든 권력을 빼앗긴 채 서른한 살의 나이로 죽고 말았다. 사연은 이러하다. 아버지인 알렉산드르 2세가 갑작스럽게 죽음을 맞이했고, 이때 그는 하필이면 중병에 걸려 있었다. 그가 자신의 건강을 회복하는 동안 정적인 율리우스 2

세가 교황에 올랐다.

살다 보면 실로 어이없는 고난을 만날 때가 있다. 아무리 발버둥쳐도 극복할 수 없는 경우도 있다. 보르자같이 타고난 군주도 순식간에 무너지고 말았으니, 우리 같은 범인은 말해 무엇하랴.

자신 있게 젊다고 말할 수 없는 마흔에는 쉽게 체념하고 운명을 받아들이게 된다. 그러나 마키아벨리는 운명은 인간이 대비할 수 있는 절반과 대비할 수 없는 절반을 갖고 있다고 주장한다.

나는 운명을 무시무시한 강에 비유한다. 강이 분노하면 평야는 물에 잠기게 되고, 나무와 건물은 무너지고, 토양은 다른 곳으로 쓸려가 버린다. 모든 사람들이 달아나고 그 습격에 항복하고 만다. 어떤 방법으로든 그것을 멈추게 할 수는 없다. 하지만 강이 범람하기 전 인간은 제방과 둑을 쌓아 미리 예방 조치를 취할 수는 있다. 이렇게 하면 다음번에 다시 강이 불어도 제방이 범람하지 않을 것이고, 설령 범람하더라도 그 기세에 눌리지 않을 것이며, 큰 피해를 입지도 않을 것이다. 운명도 이와 마찬가지다. 운명은 자신에 대항해 아무런 힘도 쓰지 못하는 곳에서 위력을 떨치며, 아무런 제방이나 둑이 건설되어 있지 않은 곳을 공격하게 마련이다.

누군가에게는 행운이, 누군가에게는 불운이 찾아온다는 점에서 운명은 불공평하다. 그러나 미리 대비하고 맞서 싸우는 사람을 피해 간다는 점에서는 공평해 보인다. 아무리 좋은 운명이 나를 기다린다 해도, 운명의 절반밖에 갖지 못한다. 반면 아무리 나쁜 운명이 나를 기다린다 해도, 운명의 절반은 노력으로 바꿀 수 있다. 현실을 정확히 직시하고, 유연하게 대처한다면 말이다. 그래서 마키아벨리가 설파한 처세술을 단지 권모술수로만 폄하할 수가 없다. 인간의 한계를 넘어서는 거대한 운명에 맞서 싸우기 위해, 미래를 준비하기 위해 보잘것없는 인간은 때론 꼼수를 부려야 하는 처지일 수밖에 없다. 그러므로 '날것 그대로의 현실을 받아들이고, 스스로 운명을 개척하기 위해 부단히 노력하라.' 이것이 군주가 사라진 시대에 마키아벨리가 남긴 울림일 것이다.

작품 『군주론Ⅱ Principe』
저자 니콜로 마키아벨리(Niccolo Machiavelli, 1469~1527)
고전 판본 신재일 번역, 서해문집

1513년 작. 저자는 정치권력을 차지하기 위해서 수단과 방법을 가리지 말아야 한다고 주장했다. 이런 방식을 '마키아벨리즘'이라고 부른다. 정치는 도덕과 독립된 영역임을 강조한 그의 문제 제기는 현대 정치학에서도 중요한 이슈 중 하나다. 저자는 대학을 다니지는 못했지만 피렌체 공화국(이탈리아의 16세기 국가 중 하나)에서 대사 등 여러 공직을 역임했다. 하지만 피렌체 공화국의 실질적 통치자였던 메디치가에 대해 반란 음모를 공모한 죄로 추방됐다. 이후 공직에 나가지 못했다. 저자는 이 책을 메디치가의 로렌초에게 헌정해 다시 공직에 복귀하려 했지만 뜻을 이루지 못했다.
권력은 '신의 선물'이 아니라 '투쟁의 산물'이라는 그의 철학은 프란시스 베이컨(Francis Bacon), 토머스 홉스(Thomas Hobbes) 등 이후 기라성 같은 석학들의 이론적 토대가 됐다.

...
누군가에게는 행운이,
누군가에게는 불운이 찾아온다는 점에서
운명은 불공평하다.
그러나 미리 대비하고 맞서 싸우는 사람을
피해 간다는 점에서는 공평해 보인다.
아무리 좋은 운명이 나를 기다린다 해도,
운명의 절반밖에 갖지 못한다.
반면 아무리 나쁜 운명이 나를 기다린다 해도,
운명의 절반은 노력으로 바꿀 수 있다.

죽음과 직면하라
삶이 빛날 것이다

알베르 카뮈, 「이방인」

『이방인』을 다시 읽는 건 다소 용기가 필요한 일이었다. 몇 주간 숙면을 취하기는 틀렸구나 싶었다. 소설은 "오늘, 어머니가 죽었다. 아니면 아마 어제였는지도 모른다."는 문장으로 시작한다. 그리고 "내가 바라는 마지막 소원은 내가 사형을 당하는 날 보다 많은 구경꾼들이 나를 증오의 함성으로 맞아주었으면 하는 것뿐이다."라는 문장으로 끝난다. 어머니의 죽음이 소설의 시작이고, 나의 죽음이 소설의 마지막이다.

누구에게나 죽음을 직면하는 일은 고통스럽다. 나의 경우 20대 중반 소중한 사람을 잃은 다음부터 가끔 잠을 자면서 죽음의 순간을 실감하는 꿈을 꾸곤 한다. 죽는다는 것, 사랑하는 사람과 완전히 헤어진다는 것을 온몸으로 느끼고 나면 식은땀이 서늘하게 흘렀다. 모두가 잠든 고요한 밤에 홀로 깨면 기분이 묘했다. 모두가 낮의 세계에 속해 있는데, 오로지 나만

밤의 세계에 속한 것 같아 숨이 턱 막혔다.

『이방인』에서 죽음이라는 소재는 낮과 밤을 모두 지배한다. 소설을 읽는 내내 죽음의 그림자에서 벗어날 수 없었으며, 째깍째깍 시한폭탄처럼 죽음이 쫓아오는 것처럼 느껴졌다. 그러다 보니 이 소설을 읽는 일은 상당히 불편했다. 그래서 『이방인』을 다시 읽기 위해 책을 펼쳐든 날, 나는 책장을 설렁설렁 넘겨가며 주인공 뫼르소를 관찰했다.

뫼르소는 평범한 월급쟁이다. 어느 날 그는 어머니가 사망했다는 전보를 받고 양로원을 찾아간다. 어머니의 죽음을 대하는 그의 모습은 아주 덤덤하다. 어머니의 시신 앞에서 담배를 꺼내 물고, 수위가 건넨 밀크커피를 마신다. 장례식을 마친 다음 날에는 마치 아무런 일이 없었다는 듯 바다에서 수영을 하고, 마리라는 여자를 만나 희극 영화를 본 뒤 하룻밤을 같이 보낸다. 『이방인』이라는 제목처럼 그는 어머니의 죽음 앞에서 아들이 아니라 이방인처럼 행동한다.

그리고 얼마 후 태양이 뜨겁게 내리쬐는 정오 무렵, 바닷가에서 친구와 말다툼을 하고 있던 아랍 사람을 권총으로 쏴 죽인다. 이후 사형을 언도받은 뫼르소는 자신만의 방식으로 죽음을 기다린다.

뫼르소를 통해 카뮈는 무얼 말하고자 했을까?

어머니의 죽음을 슬퍼하지 않고, 태양 때문에 사람을 죽이는 뫼르소를 이해하기란 쉽지 않다. 그러기 위해서는 뫼르소가 어떤 사람인지 알아야 한다. 책을 읽은 이들은 기억할 것이다. 뫼르소의 삶은 권태, 그 자체였다.

뫼르소의 삶은 무의미한 것이다-이것이 바로 소설의 중심 테마다. 어떤
목적을 향하는 것도 아니고 어떤 이념을 중심으로 질서있게 정리되는 삶
도 아니다. 그의 삶은 그저 맹목적으로, 자동적으로 전개될 뿐이다. 그는
사랑도 회한도 환희도 모르는 인간이다. 가장 인간적인 감동도 그를 뒤흔
들어 놓지 못한다. 어머니의 죽음도 마리의 사랑도 뫼르소를 그 수동적이
고 따분하고 지친 마비 상태에서 끌어 낼 수가 없는 것이다.

『알베르 카뮈론』이라는 책을 쓴 교수 루페 교수의 말을 『이방인』의 번역자
이정림 씨가 인용한 글이다. 이뿐만이 아니다. 사람을 죽인 죄로 재판을 받
는 동안 그가 보여준 모습은 삶과 죽음에 대해 너무나도 냉소적이다.

"당신은 그러면 아무 희망도 없고, 또 완전히 죽어 없어진다는 생각으로
살고 있습니까?"
하고 내게 말했을 때 그(신부님)의 목소리 또한 떨리지 않았다.
"그렇습니다."
하고 내가 대답했다. 그러자 그는 고개를 숙이고 다시 자리에 주저앉았다.
신부는 내가 불쌍하다고 말했다. 이것은 인간으로서는 견딜 수 없는 일이
라고 그는 판단했던 것이다. 나는 다만 지루해지기 시작한다는 것을 느꼈
을 뿐이다.

뫼르소에게 죽음은 천국과 같은 편안한 안식이거나 삶이 반복되는 윤회
가 아니다. 그에게 죽음은 냉정하고 이성적이다. 종교적인 위로 따위는

건네지 않는다. 그저 내가 없는 시간이 계속된다. 심지어 죽음이라는 골인 지점으로 우리의 삶이 달려가는 것처럼 말한다. 뫼르소가 보는 인간은 20년 후든, 내일이든 사형을 선고받은 죄수와 다름없다. 소설가 박완서 씨가 영면을 앞두고 "씨를 품은 흙의 기척은 부드럽고 따숩다. 내 몸이 그 안으로 스밀 생각을 하면 죽음조차 무섭지 않아진다."고 표현했던 것과는 결이 다르다.

그렇기 때문에 재판에 회부된 후 그는 '이글거리는 태양' 때문에 사람을 죽였다고 말하면서도 전혀 죄책감을 느끼지 않는다. 살인의 방법이 아니라 살인의 이유가 시쳇말로 엽기적이다.

하지만 카뮈는 뫼르소가 살인을 한 이유보다 재판 과정이 비이성적이라고 표현한다. 재판 과정에서 뫼르소의 살인이 계획적인지, 우발적인지를 가리려는 공방이 오고갔다. 의도된 살인이라면 사형이 선고될 예정이다. 뫼르소의 변호사는 살인이 우발적이라고 주장하지만 검사는 계획된 살인이라고 반박한다. 그 이유는 뫼르소가 어머니의 시신 앞에서 담배를 피우고, 어머니를 양로원에 보낼 정도로 파렴치한이기 때문이다.

뫼르소는 자신을 변론하지 않고, 부조리한 재판을 이방인이 되어 구경한다. 분명 살인과 어머니에 대한 불경은 별개의 문제임에도 배심원들은 뫼르소에게 사형을 결정한다. 카뮈가 보여주고 싶었던 것은 뫼르소의 살인보다는 재판과정이었던 것 같다. 배심원들은 관습과 도덕적 기준 등 자신들을 지배하는 세상의 기준에 따라 결정을 내린다.

죽음이 있어 하루는 소중하다

정작 세상의 부조리를 온몸으로 깨달은 뫼르소는 제대로 살 시간이 없다. 직장에도 결혼에도 아무런 감흥을 느끼지 못한 채 하루를 그저 흘려보냈던 뫼르소는 그제야 하루의 소중함을 깨닫는다.

뫼르소는 세상의 모든 부조리에 반항해야 할 필요성이 생겼다. 남은 날이 적으니 하루라도 '진짜 나'로 살고팠던 그는 세상의 법칙이나 관습, 도덕에 의해서가 아니라 더 깊이 있는 나의 본모습으로 살고자 했다.

뫼르소는 죽음을 앞둔 사형수에게 마지막 위안을 주려는 신부의 방문을 수차례 거절한다. 그의 동의를 얻지 않고 억지로 찾아온 신부가 '사랑의 말씀'을 전하려 할 때 뫼르소는 평생 마음속에 담아둔 것을 기쁨과 동시에 분노 속에서 소리친다.

"너(신부)는 너무 자신만만하다. 하지만 그게 다 뭐란 말이냐? 네가 자랑하는 신념이란 것도 따지고 보면 계집의 머리카락 만한 가치조차 없기 십상이다. 너는 마치 죽은 사람처럼 살고 있으니 그렇다면 살아 있다는 확신조차 없는 게 아니냐? 네 눈에는 내가 빈털터리처럼 보일지 몰라도 나에게는 뚜렷한 확신이 있단 말이다. 나 자신에 대한 확신, 다른 모든 것에 대한 확신 이런 건 너보다도 훨씬 강하다. 그리고 또 내 인생과 닥쳐올 죽음에 대해서도 명확한 의식이 있다. 그래 내게 있는 모든 것이라고는 이것뿐이다. 하지만 나는 이것들이 나를 놓지 않는 것처럼 나도 이 진리를 굳게 붙잡고 있다, 지금까지의 내 생각은 모두 옳았으며 그건 지금도 그렇고 또 뫼르소가 사형을 앞두고 세상의 부조리에 대항해 얻은 '나의 참모습'은 '내 인생과 닥쳐 올 죽음에 대한 명확한 의식'이다. 이처럼 죽음이라는 숙명적 한계를 인정하고 받아들였을 때, 우리는 하루하루의 삶을 더욱 치열하게 살아낼 수 있다. 바쁜 일상으로 죽음을 잠시 잊었기 때문에 행복한 것이 아니라, 죽음을 명확히 직시할 때 치열하게 하루를 보낼 수 있고, 그로 인해 행복해질 수 있는 것이다. 어른들이 어떤 재난과 재앙 속에서도 "그래도 산 사람은 살아야 한다. 죽은 사람 몫까지 더 열심히 살아야 한다."고 말하는 것은 죽음의 존재를 직시했기 때문이고, 살아 있는 하루의 소중함에 대해 절실하게 알고 있기 때문일 것이다.

뫼르소는 자신이 사형장의 이슬로 사라진 후의 삶에 대해 생각하면 마음속에 끔찍한 용솟음이 느껴진다고 말한다. 그제야 그는 어머니의 죽음을 생각하며 어머니가 말년에 약혼자를 정하고 새로운 삶을 꾸려 보려고 했는지를 이해할 수 있을 것 같았다. 죽음 근처에서, 어머니는 오히려 생의 해방감을 느끼고, 모든 것을 새롭게 살아보고 싶었을 거라고 생각한다. 그리고 그는 독백한다.

"나도 또한 모든 것을 다시 살아 볼 수 있으리라."

사실 그에게 다시 시간이 주어진다 해도 그는 여전히 애인에게 사랑하지 않는다고 말할 것이며, 월급이나 승진을 위해 간이라도 내어줄 듯 아양을 떨지도 않을 것이다.

하지만 왜 애인에게 사랑하지 않는다고 말하는지 설명할 수 있을 것이다.

사회의 관습이 옳다고 정한 것에 대해 부조리를 지적할 수 있을 것이다. 삶의 모습은 변하지 않아도 삶의 의미는 변할 것이다.

반복되는 하루가 세상에 조금의 빛을 더한다

죽음을 직시하고 주어진 삶을 치열하게 살아가라는 카뮈의 철학은 실존을 직면해야 할 용기를 요구한다. 우리는 흔히 아무것도 모르고 맘껏 먹이를 먹으며 행복하게 살고 있는 돼지에게, 언젠가 너는 도축될 것이라는 말을 하지 않는 것이 돼지를 위하는 길이라 믿는다. 도축될 것이라는 사실을 아는 순간, 돼지는 행복하기 위해 먹는 것이 아니라 도축되기 위해 먹어 살찌우는 운명이 될 테니 말이다. 하지만 고통스럽더라도 돼지의 삶은 본질이 돼지고기임을 직시해야 한다고 카뮈는 말한다.

돼지의 비유가 과장된 것이기는 하지만, 사실 직장인의 운명은 결국 퇴직, 사표, 정리해고 중 하나다. 조직은 언젠가 직장인을 내칠 것이라는 사실을 숨긴 채 매달 월급을 준다. 매일 같은 일을 하는 직장인들은 지루한 일과 속에서도 점심 메뉴를 가장 큰 관심사로 삼는다.

삶의 끝이 죽음임을, 직장의 끝이 퇴직임을 직시하고 늘 상기하는 것이 실제 삶에 어떤 변화를 줄까? 여전히 살기를 원하며, 반복적인 직장의 일상을 되풀이하고 있을 것이다.

하지만 알고 보면 그저 반복적인 일을 하는 직장인이라도 사람마다 차이가 있다. 그저 반복하는 일에 나를 맡기는 A가 있는가 하면, 업무에 끊임없이 질문을 던지는 B도 있다. 겉으로 하는 일과 모습은 비슷하지만 B는 내 삶의 하루를 소중하고 치열하게 산다는 점에서 다르다. B는 자신의 일이 세상에 어떤 역할을 하며, 어떤 도움을 주게 될지 알고 있다.

이런 B의 깨달음은 자신만의 것이 아니다. 대부분 자신의 직업에 치열하게 매달리면 동시대의 누군가에게 도움을 주게 된다. 세상에 한 가지라도 좋은 일이 늘어난다. 구두닦이가 최선을 다하면 한 명의 고객이 한결 좋은 기분으로 하루를 시작할 것이다. 자동차 기술자가 최선을 다해 정비를 하면 누군가가 안전하게 운전할 것이다.

신기할 것도 새로울 것도 없는 것이 나이 마흔의 삶일지도 모른다. 하지만 반복되는 생활 속에서 '매일'을 소중하게 여기고, 날마다 반복되는 하루 속에서 새로운 의미를 찾아내야 한다. 그것이 내 삶을 윤택하게 할 것이다. 가끔은 숨이 턱 막히는 죽음의 공포와 마주치더라도 그것이 삶을 더욱 간절하게 할 것이다. 죽음은 이겨내야 할 대상이 아니라 함께 가야 할 동반자이며, 어둠이 있어야 빛이 드러나듯 살아 있는 매 시간을 치열하게 살아야 할 것이다. 이런 모든 생각들은 열심히 살 이유를 만들어주고, 인생의 허무함을 쫓아낼 것이다. 우리의 삶이 소중하다는 것을 아는 순간, 우리는 세상의 아름다움을 누릴 기회를 가질 수 있다.

...

신기할 것도 새로울 것도 없는 것이
나이 마흔의 삶일지도 모른다.
하지만 반복되는 생활 속에서 '매일'을 소중히 여기고,
날마다 반복되는 하루 속에서
새로운 의미를 찾아내야 한다.
그것이 내 삶을 윤택하게 할 것이다.
가끔은 숨이 턱 막히는 죽음의 공포와 마주치더라도
그것이 삶을 더욱 간절하게 할 것이다.

작품 『이방인L' Etranger』
저자 알베르 카뮈(Albert Camus, 1913~1960)
고전 판본 김화영 번역, 민음사

1942년 작. 카뮈는 "영웅적인 태도를 취하지 않으면서도 진실을 위해서는 죽음을 마다하지 않는 한 인간의 이야기"라고 소설 『이방인』을 요약했다. 소설에는 다양한 죽음이 등장한다. 주인공 뫼르소의 어머니의 자연사, 그리고 살인, 그리고 사형. 여러 죽음의 형태를 통해 카뮈는 역설적으로 죽음은 불행한 것이고 공포스러운 것이라기보다는 그것 때문에 인간의 삶이 더 가치 있거나 풍요해질 수 있는, 인간 본질을 대신할 수 있는 묘약일 수도 있음을 깨닫게 해준다.

1957년 저자는 이 작품으로 노벨문학상을 받았다.

알제리 태생으로 아버지가 제1차 세계대전 때 전사했고, 어머니는 거의 귀머거리였다. 함께 살던 할머니는 간암으로 사망하고, 삼촌은 몸이 마비되는 등 극심하게 가난한 유년시절을 보냈다. 결핵으로 교수의 꿈을 포기하고 신문기자가 됐다. 알제리대학에서 장 그르니에를 만나 수학했으며, 25세에 프랑스로 왔다. 인간의 조건, 삶의 부조리성(不條理性) 등에 대한 고민이 일생의 화두였다. 실존주의를 주창한 것으로 알려져 있으나, 정작 작가는 실존주의가 끝난 지점에서 자신의 철학이 시작된다고 밝혔다. 제2차 세계대전 중에 레지스탕스로 저항운동에 적극적으로 참가한 사회운동가이기도 했다.

땀 흘리지 않고는 소비의 즐거움을 알 수 없다

소스타인 베블런, 『유한계급론』

"도대체 원가가 얼마야?"

"속물이라고 말하고 싶은 거야?"

여느 남자나 여자의 대화처럼 우리 부부 사이에도 명품 구매를 두고 이런 대화가 오간다. 우리같이 평범한 직장인이 명품에 대해 이야기할 정도면 명품 소비가 일반화되긴 한 모양이다. 하긴 길거리에 나서면 한 달치 월급과 맞먹는 명품 가방을 들고 다니는 사람을 쉽게 만날 수 있고, 흡사 자동차 바퀴를 연상케 하는 큰 바퀴를 단 고가의 유모차가 색깔별로 돌아다닌다. 가격으로 따져 볼 때 소수 부유층에게나 어울릴 법한 명품 소비가 우리같은 소시민에게까지 확산된 것은 왜일까? 소스타인 베블런은 이미 110년 전에 『유한계급론』에서 명쾌한 분석을 내놓았다. 남에게 부와 지위를 보여주기 위한 유한계급의 과시적 소비를 다른 계급이 흉내 내기 때문이라는 것이다.

우리에게 다소 생소한 유한계급에 대해 베블런은 이렇게 설명한다.

> 유한계급은 현대적이고 고도로 조직된 사회라면 어디서나 찾아볼 수 있는 절박한 경제적 압력을 크게 받지 않는 위치에 있다. 생계수단을 얻기 위한 절박한 투쟁은 다른 계급들에게는 가혹한 일일지 몰라도 유한계급에게만큼은 그리 고통스런 일이 아니다. (…) 무엇보다도 유한계급은 보수적이다.

좀 더 이해하기 쉽게 설명하면 유한계급은 노동은 전혀 하지 않고 경제적으로는 부유하며 사회적인 지위는 높은 계급을 의미한다고 할 수 있겠다. 이 책이 출판될 당시 미국은 록펠러, 카네기 같은 대부호들이 등장했던 때이므로 그들이 대표적인 유한계급이라고 할 수 있겠고, 지금은 기업인이나 고소득 전문직이 이에 해당될 것이다.

유한계급의 과시적 소비는 단지 명품 로고가 붙은 가방이나 옷, 자동차에 그치지 않는다. 양털 이불의 포근함이나 알래스카 여행의 감동 같은 경험도 포함된다.

『유한계급론』을 읽고 나니, 명품에 대해 툭 터놓고 이야기해 보고 싶어졌다. 명품을 척척 사들일 능력은 마흔 이후에도 없을 것 같으니, 명품의 구매 여부가 화두는 아니다. 명품이 우리 삶, 우리 사회에 미치는 영향을 한 번쯤 짚어볼 필요가 있다는 생각이 들었을 뿐이다.

남과 다르게 보이고 싶은 욕구의 산물

인간은 부와 권력을 단순히 소유하는 것만으로는 부족하다. 존경받으려면 부와 권력을 증거로써 제시해야 한다. 가장 미개한 단계를 제외한 모든 문화에서 보통의 사람들은 '고상한 주위 환경'을 갖추고 '비천한 노동'을 면제받음으로써 자존심을 지키고 드높이게 된다. (…) 세련된 취미, 예절, 생활습관은 상류계층에 속한다는 것을 증명하는 유용한 증거이다. 훌륭한 예절은 시간, 열성, 비용이 필요하기 때문에, 자신의 시간과 에너지를 노동에 빼앗기는 사람들은 예절을 습득하기가 어렵다.

베블런은 유한계급의 과시적 소비가 비천한 노동에서 벗어나 있음을 드러내는 증거라고 말했다. 그들에게는 노동을 하지 않고도 살아갈 만큼의 시간과 재산이 있다. 그렇기 때문에 손으로 한 땀 한 땀 정성스럽게 만든 명품을 관리할 만한 시간이 있다. 와인의 향을 감별하고, 고급스런 음식의 맛을 구별하는 등 고급 취미에 필요한 안목을 기를 시간도 충분하다. 정교한 예법과 세련된 에티켓도 익혔다. 정신적, 육체적 노동에 찌든 직장인과는 다르다. 명품을 사는 과시적 소비는 돈과 시간의 여유가 충분한 사람임을 나타내는 징표다.

하지만 현대 사회로 오면 명품은 유한계급의 전유물이 아니다. 중산층은 물론이거니와 일부 빈곤층도 명품을 산다.

값비싼 의복을 과시하기 위해 무익하게 지출하는 행위는 본질적으로 추한 것이 된다. 따라서 의복을 혁신적으로 개량할 때는 어떤 표면적인 목적을 내세워 비난을 피해 보려는 세심한 노력이 깃들어 있는 것을 알 수 있다. (…) 아무리 자유롭게 유행이 활개치고 어떤 유용성을 표면적으로 위장했을지라도 그것은 명백히 기만적 성격을 띠게 된다. 따라서 유행 속에 내포된 무익성은 곧바로 우리의 관심을 끌 만큼 노골적으로 드러나서 극도로 불쾌감을 유발한다. (…) 낭비의 법칙이 우리에게 내리는 유일한 처방은 무익하고 덧없는 새로운 유행을 다시금 구축하여 도피하도록 만드는 것이다. 따라서 패션의 유행이란 본질적인 추악함을 끊임없이 반복하는 변화의 연속에 불과하다.

베블런은 과시적 소비가 무익한 소비에 불과하다는 본질을 감추기 위해 만든 장치가 유행이라고 해석한다. 그런데 중산층이 명품을 소비하면서 유행 주기는 빨라졌다. 명품은 기본적으로 남과 다르게 보이고 싶은 욕구에서 비롯되었다. 명품을 생산하는 기업들은 이런 욕구를 만족시키기 위해 새로운 유행을 만들어야 한다. 중산층은 유행을 전파시키는 역할을 한다.

결국 중산층의 과시적 소비가 유한계급으로 하여금 자신만의 성벽을 공고하게 만들도록 부추긴다. 베블런은 사회 진화에서 유한계급의 임무는 '진화적 운동을 지연시키고 과거의 낡은 것들을 보존하는 일'이라고 분석했다. 그런데 중산층이 유한계급에 대해 반기를 드는 대신 모방을 함으로써 유한계급은 안정적으로 유지된다.

과시적 소비가 낳은 문제점

베블런의 비판적 분석을 소개하는 것이 기업가로 대표되는 유한계급을 전복해야 한다는 주장을 펼치고자 함이 아니다. 또 소비자의 허영심에서 나오는 수요가 분명히 존재하는데, 사치품 생산을 전면 중단하자는 것도 아니다. 이미 베블런은 소비자가 합리적이라는 경제학의 기본 개념이 설 자리가 없게 만들었다. 다만 우리와 같은 소시민이 유한계급의 과시적 소비를 모방하고 전파하는 것이 타당한가에 대한 질문이다.

내 경우에 누가 명품을 알아봐주기라도 하면 우쭐해지는 것을 보면 명품에 대한 욕구가 없는 것은 아니다. 오히려 여윳돈이 없는 것이 문제라면 문제다. 그런데 한두 번 명품을 살 때마다 죄책감이 들곤 했다. 잘못한 일도 아닌데 기분이 개운치가 않았다. 명품 소비 대열에 동참하는 것이 '혼자 잘 살면 된다'는 내 안의 욕구를 적나라하게 보여주는 듯해서였다. 명품 소비는 '너와 다른 사람'이라는 배제의 도구이지, '너와 같은 사람'이라는 연대의 도구는 아니지 않은가.

베블런은 과시적 소비가 중산층에 의해 사회 전체로 전파된다고 주장했다. 유한계급, 곧 상류층이 되고 싶은 중산층은 무리해서 명품을 산다. 그 아래 하층계급은 중산층을 모방하면서 과시적 소비를 하게 된다. 이런 과시적 소비는 거품을 낳았다. 부동산 거품, 물가상승 같은 세계 각국이 겪고 있는 위기는 수입보다 지출이 많은 과도한 소비에서 비롯됐다.

이런 위기에서 개인의 고통도 커질 수밖에 없다. 빚이 쌓이는 것이다. 사치를 위한 노동도 상당히 강도가 높다. 중산층이 호사스런 해외여행에 나서려면 없는 시간을 쪼개야 하고, 밀린 일을 모두 마쳐 놓아야 한다. 또 비용을 아끼기 위해 각고의 노력이 뒤따라야 한다. 돈도 시간도 없는데 유한계급만큼의 소비를 즐기려니 어쩔 수 없이 감수해야하는 것들이다. 베블런은 유한계급이 되고자 하는 욕구는 개인을 파멸시킬 수 있다고 경고한다. 아주 극단적인 예를 들면서.

> 어떤 폴리네시아 추장이 훌륭한 예법을 너무 강조하여 자신의 손으로 음식을 집어 먹느니 차라리 굶어 죽는 길을 택했다는 이야기도 들린다. (…) 프랑스의 어느 왕은 예법을 준수하려는 도덕적 스태미너가 너무나 지나쳐서 목숨을 잃었다. 어느 날 왕궁에서 화재가 발생하였는데 왕은 옥좌를 옮기는 담당관리가 없다는 이유로 화염 앞에 한마디 못하고 앉아 있다가 회복이 불가능할 정도로 구워졌다고 한다.

사회 전체로 보면 명품 소비는 갈등을 유발한다. 양극화를 조장하기 때문이다. 명품을 소비하는 중산층의 지갑은 점점 얇아진다. 고가 제품과 저가 제품으로 시장이 양분되면서 하층계급은 상대적 박탈감에 시달린다. 중산층 중 극히 일부는 과시적 소비를 통해 상류층에 진입했을 수도 있다. 하지만 과시적 소비를 따라 할 수 없는 하층계급은 계층 상승이 불가능하다는 절망감을 맛본다. 빈부 격차는 커지고 사회 구성원 사이에 이질감을 더욱 심화시킨다.

일부는 과시적 소비를 옹호한다. 현대 경제학은 소비가 늘어날수록 개인에게 이익이 될 것이라고 주장한다. 기업이 일자리를 만들고 세금이 늘어난다는 것이다. 그러나 이윤은 대부분 대기업과 같은 소수에게 돌아갈 뿐이다. 과시적 소비는 긍정적인 측면보다 부정적인 면이 크다.

과시적 소비 대신 과시적 노동을 하고 싶다

명품 하나 사면서 이런 고민까지 해야 하느냐고 반박할 수도 있다. 돈이 없다고, 시간이 없다고 명품을 살 권리조차 없는 것인지 되물을지도 모르겠다. 일을 안 하고도 풍족하게 사는 유한계급을 꿈꾸는 것은 이성이 개입할 여지가 없는 본능일 수도 있다. 사실 명품 소비를 삐딱하게 바라보는 나의 시선에 대해 가까운 사람은 '명품을 소유할 능력이 없는 자가 도덕적 우월함만 과시하려는 또 다른 유형의 과시적 행위'라고 비판하기도 했다. 나 역시 이 책을 읽으면서 베블런에게 '그래서 명품을 사는 것이 비난받을 일이냐'는 질문을 던지고 있었다.

결론부터 말하면, 베블런은 명품을 사는 과시적 소비에 대해 무턱대고 비난해서는 안 된다고 말한다. 과시적 소비의 기준은 개인마다 다르며, 사회마다 용인할 수 있는 과시적 소비의 정도도 다르다. 그러므로 부정적인 과시적 소비의 기준은 사회적으로 전혀 무익한 경우로 한정해야만 한다. 그렇다고 이제 명품을 사지 않겠다는 선언을 하는 것은 우스워 보인다. 명품을 구입하는 사람들을 무시하는 또 다른 유형의 과시적 소비를 계속할 생각도 없다. 명품 소비로부터 느끼는 죄책감을 덜기 위해 마흔 이후에는 흠뻑 땀을 흘리는 노동을 한 뒤 사치의 즐거움을 누리는 정도를 허락하면 어떨까.

...
베블런은 과시적 소비가 중산층에 의해
사회 전체로 전파된다고 주장했다.
유한계급, 곧 상류층이 되고 싶은 중산층은
무리해서 명품을 산다.
그 아래 하층계급은 중산층을 모방하면서
과시적 소비를 하게 된다.
이런 과시적 소비는 거품을 낳았다.
부동산 거품, 물가상승 같은 세계 각국이 겪고 있는 위기는
수입보다 지출이 많은 과도한 소비에서 비롯됐다.

과시적 소비를 하기 전에 과시적 노동을 하는 것이다. 소비하기 위해 노동하는 것이 아니라 노동의 결과로서 소비를 하는 것이다. 우선 노동의 의미가 월급을 받아 소비하기 위해서가 아니라 그 자체로 즐거운 것임을 느껴봐야겠다. 노동을 비루하게 보는 시선을 먼저 바꿔 보는 것이다. 노동을 안 해도 되는 유한계급이 아니라 노동을 즐길 수 있는 유한계급이 되고 싶다. 이렇게 유한계급이 쌓은 공고한 성에 작은 돌이나마 힘차게 던져 보고 싶다. 치열한 노동 없이는 달콤한 휴식도 없고, 땀 흘려 돈을 벌지 않고는 소비의 기쁨도 없다고.

작품 『유한계급론 The Theory of the Leisure Class』
저자 소스타인 베블런(Thorstein Bunde Veblen, 1857~1929)
고전 판본 김성균 번역, 우물이 있는 집 | 원용찬 평역, 살림

1899년 작. 이 책에는 '기존 제도에 대한 경제적 연구(An Economic Study of Institutions)'라는 부제가 붙어 있다. 출간 직후 학계가 발칵 뒤집힐 정도로 주목을 받았다. 베블런은 100년 전에 과소비에 대한 사회적 변화를 예측한 경제학 분야의 석학으로, 사회철학자 루이스 멈퍼드는 "우리의 경제질서에 내재한 사회적 모순을 마르크스 이후 가장 선구적으로 분석한 학자"라고 평가했다. 이 책에서 베블런은 산업화된 제도가 사람들에게 근면, 효율, 협동을 요구하는 반면, 실제로 산업계를 지배하는 사람들은 돈을 벌고 자신들의 부를 과시하는 데에만 여념이 없다고 지적하면서 이는 과거에 약탈을 일삼았던 미개사회의 잔재라고 주장했다.

저자는 미국 미네소타 태생이며, 노르웨이 이민자인 부모에게서 12남매 중 여섯째로 태어났다. 저자의 부모는 농업으로 크게 성공했다. 하지만 그는 북유럽 이민자에 대한 편견 때문에 젊은 시절 예일대 박사 출신임에도 교수직을 얻지 못하고 평생 미국 비주류사회에서 살았다.

고전에게
미래를
묻다

'접속'보다 '교감'이
필요한 시대

제레미 리프킨, 『소유의 종말』

결국 문제는 돈이었다. 『소유냐 존재냐』, 『유한계급론』, 『소유의 종말』에 이르기까지 우리가 겪는 모든 고통의 원인은 자본이라고 진단한다. 자본주의가 사회의 발전에 지대한 기여를 한 효율적인 체제임에는 이견이 없다. 하지만 자본주의를 굴리는 인간 개개인은 피로할 뿐이다.

에리히 프롬은 소유가 행복이 아닌 불안을 초래하는 이유를 철학적으로 설명했다. 소스타인 베블런은 자신의 지위를 과시하려는 소비가 중산층의 삶을 어떻게 고달프게 만드는지 분석했다. 제레미 리프킨의 『소유의 종말』은 여기서 한 발 더 나아간다. 돈이 인간뿐 아니라 인간관계까지 지배한다는 것이다.

현대인은 상품을 구입하는 소비자일 뿐이거나, 컴퓨터에 접속하는 동안만 인간관계를 맺을 수 있는 외로운 존재가 됐다. 애정과 우정, 존경 등으로 맺어진 공동체가 사라지면서 사회적 신뢰도 더 이상 생산하지 못한다. 우울한 전망이다. 더 우울한 것은 10년 전에 제기된 이 전망이 들어맞고 있다는 것이다.

소유는 줄고 접속이 늘어나는 시대

『소유의 종말』은 이 책의 원제이기도 한 '접속의 시대(The Age of Access)'가 도래하면서 시작됐다. 이제 우리는 소유하는 대신 접속한다. 접속은 '빌려 쓴다'와 같은 개념이다. 돈을 주고 물건을 사는 것이 아니라 일정 기간 동안 물건을 사용할 권리를 얻는다.

사이버 세상에서는 시간을 빌리고 인간관계도 빌린다. 접속하고 있는 동안만 나는 나이며, 너는 너이다.

사실 에리히 프롬이나 베블런에 따르면, 소유하지 않으면 우리는 홀가분해져야 한다. 소비의 압박에서 벗어나 행복해져야 한다. 그러나 '돈'은 우리를 놓아줄 생각이 없다. 물건을 사라고 강요하는 대신에 경험을 팔기 시작했다.

관광이나 오락 같은 산업이 커지는 속도가 가파르다. 인간관계도 돈이 오갈 때만 맺어진다. 이웃이나 친구를 만나는 대신에 기업이 만든 클럽에 가입한다. 이를테면 호텔 고객 클럽이나 차량 동호회 등 말이다. 자발적으로 평생 고객이 되어 기업이 장기적 이익을 얻는 데 일조한다. 이런 빠른 변화를 미처 깨닫지 못한 채 휩쓸려간다. '접속의 시대'가 만들어놓은 역할 놀이에 빠져들수록, 소유가 끝나고 접속이 늘어날수록, 우리의 삶이 전보다 풍요로워진 것인지 반문하게 된다.

개인적으로 고백하자면, 사이버 세상에 적응하는 나의 속도는 한참 뒤떨어져 있다. 페이스북(Facebook)도 트위터(Twitter)도 하지 않는다. 지하철 옆자리에서 쉴 새 없이 울리는 카카오톡(KakaoTalk) 알림소리에 놀라 접속해 볼 엄두조차 내지 않았다. 혼자만의 시간을 허락하지 않는 사이버 관계가 지극히 피곤했다. '나 여기 있어요'라고 외치는 사람들 속에서 누구를 봐야 할지 어리둥절했다. 이러면서 나는 접속을 불편해하는 사이버 부적응자는 아닌지, 시대에 뒤떨어진 낙오자는 아닌지 고민했다. 이런 나의 고민에 대해 리프킨은 변화를 받아들이기에 앞서 변화를 받아들일 것인지, 말 것인지 먼저 성찰을 해야 한다고 주장한다.

우리는 신뢰를 생산하던 공동체를 잃었다

시장은 네트워크에게 자리를 내주며 소유는 접속으로 바뀌는 추세다. 기업과 소비자는 판매자와 구매자로서 시장에서 재산을 교환하던 근대 경제의 기본구도를 포기하기 시작했다. 그렇다고 재산이 사라진다는 뜻은 아니다. 천만의 말씀이다. 재산은 엄존한다. 하지만 재산이 시장에서 교환되는 빈도는 크게 줄어들 것이다. 새로운 경제에서 재산을 장악한 공급자는 재산을 빌려주거나 사용료를 물린다. 또는 입장료, 가입비, 회비를 받고 '단기간 사용할 수 있는 권리'를 준다.

10여 년 전 『소유의 종말』을 처음 읽었을 때, 가까운 미래에 이것이 현실이 될지 의문이 들었다. 모든 것을 빌려 쓰는 시대가 온다니! 평생 집을 사기 위해, 또는 평수를 늘리기 위해 꼬박꼬박 저축을 하는 아버지 어머니를 보고 자란 탓인지 과연 그날이 올까 싶었다. 자고 나면 집값이 뜀박질하는 경제 성장기에는 하나라도 더 소유하는 것이 남는 장사였다.

결혼 후 전셋집을 청산하고 부동산 거품이 한창일 때 덜컥 집을 샀던 것도 그런 경험에서 비롯된 것일지도 몰랐다. 하지만 최근 전세값이 집값에 육박하는데도, 집을 사지 않는 현상이 순식간에 대세가 된 것을 보면 소유의 종말은 정확하게 맞아떨어진 예언 가운데 하나다.

> 변화뿐인 세상에서 모든 것이 하루아침에 퇴물이 된다. (…) 소유는 모든 것이 획획 바뀌는 풍토에 적응하기에는 너무 느려터진 생각이다. 과학기술이 급속히 발전하고 경제활동이 어지러울 만큼 빠르게 진행되는 세상에서 소유에 집착하는 것은 곧 자멸하는 길이다.

알다시피 변화는 오래전에 시작됐다. 변화에 적응한 기업은 아예 공장을 통째로 빌려 상품을 생산한다. 사무실마저 없는 기업도 수두룩하다. 우리도 자동차, 가전제품, 심지어 가장 사적인 소유물인 옷이나 신발조차 빌려 입곤 한다.

천만금을 주어도 못 사는 '산 경험'이라는 것도 돈을 지불하고 다른 이의 시설을 빌리면 할 수 있다. 여행이나 놀이, 축제뿐 아니라 사회 운동조차 딱 지불한 돈만큼 경험할 수 있다. 우리는 동네 공원을 갈지, 제주도에 갈지, 미국 디즈니월드에서 놀이기구를 탈지 각자의 예산 안에서 결정한다. 심지어 돈을 주고 기아 체험을 하기도 한다. 리프킨의 말대로 공공 광장에서 열리던 문화 활동은 쇼핑몰 안으로 흡수됐고, 판매를 위한 상품이 됐다. 머리 안에 든 지식은 아무도 빼앗아갈 수 없다고 배웠다. 하지만 요즘에는 지식조차 돈을 주고 빌릴 수 있다. 저명한 교수를 그가 속한 유명 대학에 임대료를 지불하고 빌려온다. 야구선수나 축구선수를 임대하는 것은 말할 것도 없다.

소유제도가 근간이었던 산업경제가 접속의 경제, 즉 네트워크 경제로 이동했다. 소유에 대한 욕망에서 세워진 자본주의는 소유의 종말을 맞았다. 돈의 힘은 여전하지만, 소유는 접속으로 대체됐다. 새로운 체제 안에서 그동안 보지 못했던 인간형이 등장했다.

우리는 접속할 때만 존재한다

새로운 인간형이 탄생하고 있다. 그는 사이버스페이스의 가상 세계 안에서 자기 몫의 인생을 즐기고, 네트워크 경제가 돌아가는 이치를 잘 알고, 물건은 쌓아두는 데는 관심이 없지만 흥미롭고 신나는 체험에는 관심이 많고 온라인 세계와 오프라인 세계를 자유자재로 넘나들 수 있고 가짜든 진짜든 눈앞에서 펼쳐지는 새로운 현실에 자신의 인격을 재빨리 적응시킬 수 있다. 21세기 주역으로 등장할 이 새로운 인간은 산업화 시대를 살았던 부모와 조부모 세대의 인간형과는 종자부터 완전히 다르다.

리프킨이 10년 전에 예상한 새로운 인간형은 지금 우리의 모습이다. 개인은 무수히 연결된 관계 속에서 하나의 접속점으로 행동하게 된다. 거미줄을 네트워크라고 해 보자. 우리는 거미줄이 교차하는 어느 지점에 접속했다가 접속을 끊는다. 문제는 네트워크 안에 있을 때만 존재가 입증된다는 것이다. 과거에는 나는 나였다. 비교적 독립된 생활을 하면서 자율성을 가진 자아였다.

지금의 나는 관계 안에서만 규정된다. 사이버 공간에서는 여러 인격이 나타나는 것이 일반적이다. 스키 동호회에서는 상당히 활동적인 어투를 구사하며, 엄마 모임에서는 다정한 어투로 대화를 한다. 우리는 어떤 인간이라도 될 수 있지만, 동시에 아무도 아닌 것이다. 리프킨은 우리에게 이런 질문을 한다.

> 시장 거래가 복잡한 상업 네트워크로 바뀐 세상에서 살아간다는 것은 무엇을 의미할까. 재산을 소유하는 것보다 접속할 수 있는 권한을 가지는 것이 더 중요한 세상, 우리의 경제생활과 사회생활이 점차 사이버스페이스 안에서 이뤄지는 세상, 문화 자체가 최고의 상품으로 각광받는 세상, 인간 관계에 항상 돈이 개입되고 체험도 돈을 내야만 할 수 있는 세상, 자율성을 가진 자아는 물러나고 복수로 존재하는 인격, 연극 정신이 지배하는 세상, 사회는 연극적 용어로 파악되고 각 개인의 삶도 현실 무대와 가상 무대에서 공연되는 수많은 각본과 대본으로 이루어진 것으로 해석되는 세상에서 살아간다는 것은 도대체 무슨 의미일까?

소유보다 접속과 경험을 즐기는 이 새로운 세대는 자본주의를 더욱 인간적인 모습으로 바꿀 것 같았다. 인터넷은 부와 지식의 차이를 줄이는 데 기여하고, 더 이상 정보가 일부에 의해 독점되지 않을 것 같았다. 우리는 기술의 발달로 더욱 많은 사람을 만나고, 많은 곳을 가보고, 많은 정보를 얻게 됐다.

하지만 우리는 예상보다 일찍 새로운 세상의 부작용을 경험하고 있다. 인터넷 세상에서 부와 정보의 격차는 여전히 존재한다. 뿐만 아니라 인터넷 밖 현실 세계까지 격차가 확장됐다. 선진국에서 자유롭게 인터넷에 접속하는 사람과 후진국에서 한 번도 인터넷에 접속하지 못해 본 사람의 격차는 과거 부자와 빈자의 격차와는 비교할 수도 없이 크다. 리프킨은 소유가 종말을 맞았음에도 불평등은 더 커졌다고 본다.

더욱 큰 문제는 우리 사회를 지탱해 온 사회적 신뢰가 사라지고 있기 때문이다. 사회적 신뢰는 경제라는 비정한 세계와 문화라는 따뜻한 세계 사이의 균형을 잡아주는 댐 같은 것이었다. 사회적 신뢰라는 댐이 완전히 무너진다면 우리 사회는 거래의 논리가 지배하는 약육강식의 세계로 돌아가는 것이다.

현대 사회에서 인간은 소비자이고, 소비자의 수가 곧 돈이다. 이런 상품화된 관계는 사회적 신뢰를 생산할 수 없다. 혈연으로 맺어지거나, 지리적으로 가깝거나, 정서를 공유하는 전통적인 인간관계는 예절·도덕·신뢰·신의·충의·정의 등 사회적 신뢰를 생산해 왔다. 하지만 시장의 상거래는 사회적 신뢰를 기반으로 움직이므로 언제나 신뢰를 소진시키는 쪽으로 움직인다. 사람들은 비열한 시장으로 일하러 갔다가 공동체로 돌아와 충전할 수 있었다.

하지만 접속의 시대가 도래하면서 우리는 이런 공동체의 문화마저 돈으로 사서 경험하고 있다. 이 새로운 공동체는 가격을 지불하고 서로 합의한 계약으로 유지된다. 우리는 최소한의 노력으로 빠른 시간 안에 관계를 맺고 끊을 수 있지만, 이익을 위해 쉽게 이합집산을 한다. 소속감이나 안정감을 얻을 수 없다.

소유의 종말은 엄밀히 말해 물질세계의 현상이다. 인간관계나 삶의 가치 같이 물질로 치환될 수 없는 영역까지 근간이 흔들리는 것은 아닌지 재고해 봐야 한다.

접속의 시대에도 중요한 것은 인간관계이다

실제 우리가 시장에서 잃은 사회적 신뢰를 충전할 곳은 서서히 사라지고 있다. 가족·친구·친척·애인·이웃 등 전통적인 인간관계는 촌스러운 것으로 취급받는다. 집으로 돌아와서도 인터넷에 접속해야만 만날 수 있는 누군가와 관계를 맺을 뿐이다. 그리고는 다시 아침이 되면 비정한 시장으로 출근하는 것이다.

이미 자본주의 체제는 공동체 문화보다 우위에 있다. 리프킨은 자본주의 체제가 앞으로도 문화 영역의 상당 부문을 체험의 형태로 팔아치울 경우, 공동체 문화는 더욱 위축될 것으로 예상했다. 공동체는 최소한의 사회적 신뢰도 생산하지 못하게 되고, 경제도 타격을 받는다.

우리는 이미 접속의 시대를 받아들였다. '나의 자아'보다 페이스북에 글을 쓰는 나, 트위터의 팔로워로서의 나, 인터넷에 실린 사진으로서의 나에 친숙하다. 사이버 세상에서는 관계를 통해서만 나를 확인할 수 있으니, 우리는 끊임없이 관계에 참여할 수밖에 없다. 우리는 다양한 관계 속으로 던져졌고 그곳에서 나의 자아를 건져 올려야 한다. 나처럼 그간 사이버세상 안의 관계에 피곤함을 느꼈다면 그것은 단지 '기계치'였기 때문이 아니다. 내가 다양한 자아를 연극할 만한 충분한 에너지가 없기 때문이다. 결국 우리는 접속의 시대를 받아들일 것인지 결정하기 위해 타인과 맺는 가장 기본적인 인간관계를 어떤 방향으로 재설정할 것인가를 고민해야 한다.

우리가 어쩔 수 없이 접속의 시대에 적응해야 한다면, 우리는 빌릴 것과 소유할 것을 분명히 구분할 수 있어야 한다. 또한 물질이 소유의 종말을 맞았다고 해서 관계까지 소유의 종말을 고할 필요는 없다. 물건을 사는 능력이 없다고 해서 타인과 교감하는 능력마저 잃어서는 안 된다.

40대에는 일을 하기 때문에 새롭게 관계를 맺을 필요성을 느끼지 못할 수도 있다. 하지만 은퇴 후에는 지속적으로 사회적 관계를 유지하는 것이 중요해진다. 개인뿐 아니라 사회도 마찬가지다. 상품화된 관계만 남으면 마을이나 나라 같은 개념을 잃어버린 세상이 도래할지도 모른다.

리프킨은 그저 '같이 모여서 놀라'고 했다. 무용·음악·연극도 좋다. 축제나 제사 같은 의식도 좋다. 운동이나 친목 활동도 좋다. 그저 자발적으로 모여 놀라고 했다. 진정한 놀이는 살과 살이 맞닿는 친숙한 분위기에서 일어난다. 남들과 하나가 되는 순간 희열을 경험한다. 이런 사회적 교류는 나를, 우리 공동체를 유지시킬 수 있는 신뢰를 생산한다.

...
접속의 시대에 적응해야 한다면,
우리는 빌릴 것과 소유할 것을
분명히 구분할 수 있어야 한다.
물질이 소유의 종말을 맞았다고 해서
관계까지 소유의 종말을 고할 필요는 없다.
물건을 사는 능력이 없다고 해서
타인과 교감하는 능력마저 잃어서는 안 된다.

잠시 접속을 끊는다. 누군가 나를 찾지는 않을까 불안해진다. 그래도 접속을 끊고 나에게 집중하는 시간을 늘려 보려고 한다. 새로운 자아를 찾아 나서는 대신에 오래된 상처투성이 자아를 보듬어주어야겠다. 접속한 자와 접속하지 않는 자 사이의 불평등은 자본을 가진 자와 가지지 못한 자의 차이보다도 크다. '교감'의 능력을 잃지 않는 것은 마흔 이후, 나의 숙제가 될 것이다.

작품 『소유의 종말 The age of access』
저자 제레미 리프킨(Jeremy Rifkin, 1945~)
고전 판본 이희재 번역, 민음사

2000년 작. 작가는 대중적으로 가장 잘 알려진 미래학자다. 펜실베이니아대학 와튼 스쿨 교수를 지냈고, 경제동향연구재단(FOET)을 설립해 이사장을 맡고 있다. 방대한 자료를 근거로 과학과 기술의 진보가 우리 사회를 어떻게 변화시킬지 예측해 왔다. 『엔트로피』, 『소유의 종말』, 『노동의 종말』, 『육식의 종말』등 19권의 베스트셀러를 써서 30여 개의 언어로 번역됐다. '과거 진단'이 아니라 '미래 예측'이기 때문에 평가는 엇갈린다. 20여 년 전 열역학 2법칙을 인용해 출간한 『엔트로피』가 대표적인 예다. 학문의 경계를 넘어 통찰력을 보여주었다는 찬사와 정교한 과학지식 없이 사실을 왜곡했다는 비판이 동시에 제기됐다. 하지만 그의 저서들이 세상의 변화를 이끌어냈다는 데는 이견이 없다. 『노동의 종말』은 노동시간 단축을 위한 각국의 움직임에 불을 붙였고 『육식의 종말』은 채식의 확산에 기여했다. 리프킨 역시 채식주의자다.

인간은 이기적이다, 고로 존재한다

리처드 도킨스, 「이기적 유전자」

『이기적 유전자』를 읽고 내심 통쾌했다. 도움을 주고 '감사하라'며 생색 내는 사람에게 '네 이익을 위해 행동했을 뿐이야'라고 마음에 담아둔 말을 쏘아준 기분이었다. 인간의 모든 행동은 '이기적' 동기를 갖고 있다. 쉽게 말해, 인간은 자신의 유전자를 보존시키는 방향으로만 행동한다. 우리는 타인을 위해, 곧 다른 유전자를 위해 사는 것이 불가능하도록 설계돼 있다. 유전자는 끊임없이 자신을 남기는 데만 몰두한다. 도킨스가 정의한 대로 유전자는 '불멸의 자기복제자'일 뿐이다.

개인적으로 시간이 지날수록 더 좋은 세상, 더 나은 공동체를 만들 수 있다는 믿음이 흔들렸다. 삶에 온기를 불어넣는 믿음이 흔들리니, 세상을 보는 시선은 점점 차가워졌다. 기자라는 직업상 사회의 부조리를 가까이서 목격하는 일이 잦았다. 그런 탓에 조로(早老)한 것일지도 모르겠다.

가장 이타적인 행위인 기부도 이기적 동기에서 비롯될 수 있음을 종종 보았다. 극단적인 경우, 특정 단체의 회장이 자신의 이름을 알리기 위해서 기부를 하거나, 세금을 회피하기 위해서 기부하는 것도 보았다. 입양 시설, 장애인 시설 등을 운영하면서 운영자금을 횡령하는 사람도 있었다. 그들은 타인의 선의를 이용해 제몫을 챙겼다.

약육강식의 세상에서 공존하는 세상으로 바꾸는 것은 원래부터 불가능한 일은 아니었을까. 아직 비정한 세상을 제대로 겪지 못한 젊음의 치기나 실험정신은 아니었을까.

『이기적 유전자』는 이런 고민에 대해 가장 냉소적인 해답을 내놓았다. "이타적 개인이 모여 따뜻한 세상을 구현할 수 있을지 없을지는 문제의 핵심이 아니다. 이런 괜한 고민으로 죄책감을 느낄 필요가 없다. 다른 이의 이기적인 행동에 지나치게 분개할 필요도 없다. 인간의 유전자부터 원래 이기적이다. 인정하라. 인간은 유전자의 생존을 위해서만 움직일 뿐이다."라는 도킨스의 메시지는 우울하기 짝이 없다. 『이기적 유전자』가 처음 출간된 1976년, 책을 읽은 독자의 항의 편지가 쇄도했다. 한 출판인은 냉혹하고 암울한 메시지를 받아들일 수 없어 사흘이나 잠을 설쳤다고 고백했다. 이런 우울한 세상에서 어떻게 아침마다 아무 일 없다는 듯 일어날 수 있냐고 묻는 이도 있었다. 인생이 허무하고 살아갈 이유가 없어졌다며 눈물을 글썽이는 독자도 있었다고 한다.

책을 읽고 우울해졌다면 책을 읽다 만 것이다. 도킨스가 단언 한대로 사람은 '이기적 유전자'를 보존하는 군체(群體)일 뿐이다. 하지만 이기적 유전자의 의미는 자신의 이익만을 위해 나쁜 짓만 골라 하는 유전자가 아니라 오래 살아남고자 하는 유전자다. 오히려 나쁜 짓만 골라 하다가는 도태될 수도 있다. 쉬운 예로 몰래 형의 빵을 모두 먹어버릴 수 있다. 하지만 나중에 형의 주먹이 날아오거나 형이 먼저 빵을 먹어버릴 것이 분명하다. 생존에 아주 불리해진다. 그럴 바에는 처음부터 절반씩 나누어 먹는 편이 낫다. 오히려 빵을 형에게 모두 양보하는 이타적 행위를 통해 형의 게임기를 빌려 놀 수도 있다.

도킨스가 『이기적 유전자』를 통해 전하고자 했던 궁극적인 메시지는 오히려 희망이다. 역설적이게도 스스로 이기적인 존재라는 것을 받아들인 후에야, 우리는 진정한 이타적인 노력을 시작할 수 있다. 우리가 남을 위해서만 살 수 있을 것이라는 환상을 버릴 때 도덕, 관습, 규율 같은 사회적 규범이 작동할 수 있다.

유전자는 나의 생존을 고민할 뿐 인간을 걱정하지 않는다

몸을 유전자의 군체로, 세포를 유전자의 화학 공장의 작업단위로 보는 것이 더 낫다. (…) 개체는 유전자 모두를 다음 세대에 더 많이 전하려고 애쓰는 유전자의 대리인이라고 근사시켜 생각하는 것이 많은 경우 편리하다.

우리는 생존 기술의 명수다. 혹독한 경쟁에서 살아남기 위해 수단과 방법을 가리지 않는다. 때로는 싸우고 때로는 협상한다. 거짓말로 속이기도 하고 눈물로 동정을 얻기도 한다. 세상만사가 유전자의 이기적인 생존 기술이 경합해서 생겨나는 일이라 봐도 무리가 없겠다.

도킨스는 유전자가 이타적일 수 있다는 주장에 대해 철저히 반박한다. 사실 다윈의 '자연선택론(생물의 생존 경쟁에서 유전자 중 생존에 유리한 것만이 살아서 자손을 남긴다는 이론)'을 바탕으로 "종(種)의 이익을 위해서라면 개체들이 이타적으로 행동할 수 있다."는 주장이 있었다. 인간은 인구 급증으로 식량과 주택 등이 부족해지는 재앙을 막기 위해 스스로 출산율을 낮췄다. 미래의 먹잇감을 보존하기 위해 사냥을 줄이기도 했고, 인류의 생존을 위해 개인이 무분별한 행위를 제한하기도 했다.

도킨스는 이런 주장은 다윈을 오해한 것이며, 이 오해를 풀기 위해『이기적 유전자』를 집필했다고 밝혔다. 개체는 종의 행복을 걱정하지 않는다. 우리는 인간 전체의 생존을 위해서가 아니라, 자신의 유전자를 물려받은 자식이 죽지 않도록 하려고 좋은 환경을 만든다. 자식 중 잘 살아남는 개체 수를 극대화하기 위해 우리는 산아 제한이나 사냥 금지법을 계획한다. 결과적 행위는 같지만 동기는 완전히 다르다. 자연선택론은 종 단위로 이뤄지는 것이 아니라 유전자 단위로 이뤄진다.

가족계획은 자식의 출생률을 최적화시키려는 대표적 행위다. 내 새끼가 살아남으려면 수가 지나치게 많아도 안 되고 지나치게 적어도 안 된다. 아이가 하나인 나로서는 눈에 번쩍 띄는 구절이었다. 혼자 노는 아이를 볼 때마다, 친구들과 어울리기를 어려워할 때마다 괴로웠다. 일과 가정을 병행하기 힘들다는 이기심 때문에 아이를 외롭게 하는 건 아닌가 싶어서였다. 도킨스에 따르면, 이는 유전자의 명령일 수도 있었다. 나의 능력으로는 '하나 낳아 잘 기르자'가 최적화된 전략인 셈이었다. 이런 관점에서 보면 적어도 부모의 이기심 때문에 출산에 소극적이라는 죄책감에서 벗어날 수가 있다. 부모가 이기심을 버려야 하는 것이 아니라 여러 아이들을 잘 키울 수 있는 환경이 만들어져야 출산율이 높아진다는 뜻이기 때문이다.

이타적 행위도 유전자가 생존을 위해 시킨 것

하지만 『이기적 유전자』로 설명할 수 없는 행위들도 있다. 우리는 종종 의심할 바 없이 진심을 담은 이타적인 행동을 목격한다. 급류에 휩쓸린 아이를 구하기 위해 앞뒤 가리지 않고 물에 뛰어드는 의인이 있다. 평생 한 푼 두푼 모은 돈을 기부하는 형편이 어려운 할머니도 있다.

도킨스는 이마저도 온전히 이타적 행동은 아니라고 말한다. 자신을 희생하는 것처럼 보이는 새의 경계음이나 영양의 높이뛰기와 비슷한 경우라고 설명한다.

멀리서 매가 날아오는 것을 본 새는 동료들에게 경고하기 위해 울어댄다. 경계음을 들은 다른 새들은 즉시 도망간다. 대신 경계음을 울린 새는 매의 공격 목표가 되기 쉽다. 목숨을 걸고 동료를 구한 셈이다. 그러나 이 새는 자신이 살아남기 위해 교란작전을 편 것이라고 도킨스는 분석했다.

매를 처음으로 본 새가 경계음을 울리지 않고 무리에서 혼자 이탈해 도망가면 오히려 매의 공격목표가 되기 쉽다. 반면 경계음을 울려 무리 모두를 도망치게 하면 매의 시선을 자신에게서 분산시킬 수 있다.

영양은 맹수가 다가오면 높이뛰기로 동료들에게 위험을 알린다. 다른 영양들은 높이뛰기를 보고 함께 도망치고, 맹수의 시선은 분산된다. 또 높이뛰기를 한 영양은 자신이 젊고 건강하며 빠르고 오래 뛸 수 있다는 것을 과시한 셈이다. 맹수에게 다른 영양을 쫓는 것이 배를 채우기 쉬울 것이라는 암시를 하는 것이다.

도킨스는 인간 역시 유전자의 이익을 위해서만 이타적으로 행동한다고 말했다. 부모를 잃은 친척 아이를 데려다 키우는 것은 부모보다는 멀지만 어쨌든 유전자를 공유하기 때문이다. 기부 행위는 자신의 능력을 과시하는 신호다.

가장 숭고한 사랑으로 여겨지는 '모성'도 마찬가지다. 어미 새는 여우에게 잡혀 먹을 처지에 놓인 새끼 새를 위해 여우를 유인하고 죽음을 택하기도 한다. 이는 자식이 자신보다 오래 살면서 유전자를 오래도록 지킬 수 있기 때문이다.

그렇다면 인간의 이성은 작동할 여지가 없으며 그저 생존을 향해 달리는 기계일 뿐일까? 우리가 유전자의 보존을 위해서 살고 있다면, 인생은 유전자를 싣고 죽음이라는 역까지 달리는 기관차에 불과한 것 아닌가. 이기적 유전자에 의해서만 지배받는 인간의 삶은 숭고하지 않다. 이에 대해 도킨스는 이기적 동기에서 오히려 많은 이타적 행위가 나올 수 있다고 설명한다. 마음씨 좋은 놈이 유전자를 생존시키기 쉽기 때문이다.

이기적인 동기에서 이타적인 행위가 나온다

도킨스는 이타적 행동이 오히려 유전자의 생존에 도움이 된다는 것을 설명하기 위해 '죄수의 딜레마'를 응용한 미국 정치학자인 액설로드의 실험을 소개했다.

범죄를 저지른 '나'는 공범과 함께 체포됐다. 나와 공범 A가 모두 검사에게 범행을 부인하면 우리 둘 모두 형량이 줄어든다. 내가 A를 배신하고 범행을 자백한 후, A에게 죄를 씌우면 나의 형량은 상대보다 낮아질 것이다. 그렇다고 범행을 자백하고 죄를 A에게 씌우자니, A도 자백해버리면 우리는 둘 다 중형을 받는 최악의 상황이 된다.

이 중 가장 이기적인 방법은 내가 먼저 A를 배신하는 것이다. 나의 형량이 낮아질 가능성이 가장 높기 때문이다.

액설로드는 '죄수의 딜레마'와 같은 상황에서 가장 이익을 얻을 수 있는 전략을 모집했다. 심리학자, 경제학자 등으로부터 전략을 제출받은 뒤 이를 컴퓨터에 입력해 100회 이상 반복했다. 실험 결과, 가장 좋은 전략은 상대가 배신을 하고 나면 다음 차례에 내가 먼저 배신을 하고 상대가 협력을 하면 따라서 협력을 하는 단순한 전략이었다. 상대가 배신하기 전에 먼저 배신하지 않는다는 점에서 가장 관대한 전략이었다.

실험은 이기적 행동이 단기적으로는 이익을 가져오지만 장기적으로는 손해라는 것을 보여준다. 반대로 단기적으로 손해를 입는 이타적 행동이 장기적으로 이익이 된다는 것을 보여준다. 인간의 생은 유한하지만 유전자의 생은 무한하다. 시간이 길수록 이타적 전략이 성공할 가능성은 높아진다. 인간이 이기적 유전자에 의해 지배될지라도, 생존을 위해 이타적 전략을 택할 수 있다. 게다가 인간은 자유의지를 갖고 있다.

우리가 비록 어두운 쪽을 보고 인간인 근본적으로 이기적인 존재라고 가정한다고 해도 우리의 의식적인 선견지명, 즉 상상력을 통해 장래의 일을 모의 실험하는 능력이 자기 복제자들의 이기성으로 인한 최악의 상황에서 우리를 구해 줄 것이다. 적어도 우리에게 당장 눈앞의 이기적 이익보다 장기적인 이기적 이익을 따질 정도의 지적 능력은 있다.

도킨스는 오직 인간만이 유전자가 하라는 대로 맹목적으로 복종하지 않고 유전자의 폭정에 반역할 수 있다고 강조한다. 또 인간은 동물과 다르게 문화를 만들어낸다. 인간 안에 있는 유전자처럼 인간 밖에 있는 문화 역시 세대에 걸쳐 이어진다. 인간은 생존에 유리한 문화를 선택하게 된다. 도킨스는 이를 문화 전달의 단위 또는 모방의 단위라는 의미에서 밈(meme)이라고 정의했다. 우리는 자유의지를 갖고 '밈'을 번식시킬 수 있다고 도킨스는 말한다. 우리는 이기적이다. 아무리 애써도 적자생존의 세상은 바뀌지 않는다. 순수하고 사욕 없는 이타주의라는 것은 자연계에도, 인간의 역사에도 존재한 적이 없다.

그래도 냉소할 필요는 없다. 인간은 자유의지를 갖고 있기 때문이다. 우리는 배울 수 있다. 이기적이라는 것을 인정하면, 자신과 타인에게 모두 유리한 방식으로 선의를 베풀 수 있다. 우리는 불완전하기 때문에 유전자의 보존을 위해 서로 돕고 산다. 덕분에 세상이 삐걱삐걱 소리를 내면서도 굴러가고 있는 것이다. 괜히 삐딱하게 저의가 무엇인지 따질 필요는 없다. 다른 이가 이기적이라고 손가락질할 필요도 없다. 동기가 이기적이면 어떠한가. 남을 위한 행동을 하는 것만으로도 훌륭한 일이다. 따뜻한 사회를 꿈꾸는 사람을 본다면 격려할 일이다. 사람에 대한 너그러움이 사라질 때마다 되새김질해 볼 책이다.

작품 『이기적 유전자 The selfish gene』
저자 리처드 도킨스(Richard Dawkins ,1941~)
고전 판본 홍영남 · 이상임 번역, 을유문화사

옥스퍼드대 리처드 도킨스 교수는 현대의 진화론, 나아가 철학적 존재론과 관련한 각종 논쟁의 핵심에 있는 학자다. 『이기적 유전자』 역시 출간 이후부터 지금까지 수많은 논쟁을 불러일으키고 있다.

"진화의 단위는 집단이나 개체가 아니라 유전자이다. 또한 인간은 유전자 보존 · 복제를 위해 프로그램된 생존기계이며, 개체(우리의 몸)는 유전자를 보관하는 일시적인 용기에 지나지 않는다. 우리가 이타적 행위라고 생각한 것도 실은 자신의 유전자를 남기려는 이기적 목적에 지나지 않는다."는 것이 이 책의 골자다.

위 내용에서 짐작하듯 저자는 진화론의 가장 충실한 수호자이자 유명한 무신론자이기도 하다. 인간뿐 아니라 이끼, 박테리아까지 살아 있는 모든 존재는 다윈의 '자연선택론'에 의해 설명이 되기 때문에 신이 개입할 여지가 없다고 그는 주장한다. 과학에 대한 굳건한 믿음과 냉철한 이성을 바탕으로 종교에 대해 비판적인 입장을 취하고 있지만, 인간에 대한 따뜻한 시선을 가지고 적극적인 사회 활동에 참여하고 있다.

...

순수하고 사욕 없는 이타주의는 자연계에도,
인간의 역사에도 존재한 적이 없다.
그래도 냉소할 필요는 없다.
인간은 자유의지를 갖고 있기 때문이다.
이기적이라는 것을 인정하면,
자신과 타인에게 모두 유리한 방식으로
선의를 베풀 수 있다. 우리는 불완전하기 때문에
유전자의 보존을 위해 서로 돕고 산다.
덕분에 세상이 삐걱삐걱 소리를 내면서도
굴러가고 있는 것이다.

세상의 마흔들을 향한
공자의 타이름

공자, 「논어」

할아버지는 충청남도 공주시에서 꽤 이름난 한학자였다. 손수 쓰신 붓글씨를 받기 위해 찾아오는 사람들이 사뭇 있었다. 선생을 평생의 업으로 삼아온 할아버지가 당시 초등학생이었던 손자들이 찾아뵐 때마다 읽어주시던 책이 공자의 『논어』였다. 쉽게 풀어주고자 노력하셨던 모습이 지금도 눈에 선하다. 한자로 이뤄진 한 문장을 오래 이야기하시던 할아버지의 말씀이 지루하지 않았다면 거짓말이다. 온몸이 비비 꼬이는 것을 참고 앉아 있으면서 나는 공자님 말씀 대신 인내를 배웠다.

이런 추억 덕분에 『논어』는 내게 그저 책이라고 부를 수 없는, 조금 특별한 의미가 있는 책이 되었다. 하지만 유년의 추억은 추억일 뿐, 자라면서 자연스럽게 『논어』와 멀어졌고, 그 자리에 영어, 경제, 시사가 들어섰다. 그래서인지 『논어』를 다시 읽는 내내 가시에 찔린 듯 가슴이 따끔거렸

다. 다른 고전을 읽을 때는 마음에 온기가 돌거나 세상을 바라보는 시선
이 따스해진 반면, 『논어』를 읽는 동안은 뻐근한 아픔이 지나감을 느껴
야 했다. 그 이유는 『논어』의 내용은 책을 읽을 때는 끄덕여지지만 막상
책을 덮고 현실로 돌아가면 보통의 노력으로는 실천하기 어려웠기 때문
이다.

『논어』는 사람을 위로하는 책은 아니다. 짧고 간결하게, 사람의 길을 이야
기한다. 최근 우리 사회에서 『논어』가 회자되는 이유는 아마도 『논어』를
읽고도 마음이 따끔거리지 않고 고개가 끄덕여진다면 잘 살고 있다는 증
표이기 때문이 아닐까?

빨리 오르는 것은 '발전'이 아니다

배우고 때때로 그것을 익히면 이 또한 기쁘지 아니한가? 벗이 있어 먼 곳
에서 찾아오면 이 또한 즐겁지 아니한가? 남이 나를 알아주지 않아도 원
망하지 않는다면 또한 군자답지 않은가?
子曰 "學而時習之, 不亦悅乎. 有朋自遠方來, 不亦樂乎. 人不知而不慍, 不
亦君子乎."

『논어』의 20편 중 첫 번째 편인 '학이(學而)'의 첫 구절이다. 남이 알아주지
않음에 성내지 않아야 군자라는 높은 이상을 제시하고 있다. 학이편의 마
지막 구절 역시 "남이 나를 알아주는 것을 근심하지 말고 내가 남을 알지

못하는 것을 근심해야 한다."고 말한다. 배움의 뜻은 남에게 인정받기 위함이 아니라 스스로 깨닫는 데 있다는 의미이다. 또한 '이인(里仁)'편에서는 "지위가 없는 것을 근심하지 말고 그 자리에 설 수 있는 능력을 갖추는 데 근심하라. 자신을 알아주지 않는다고 근심하지 말고, 남이 알아줄 만하도록 되는 것을 추구하라(不患無位, 患所以立, 不患莫己知, 求爲可知也)."라고 말하고 있다. 이처럼 『논어』의 곳곳에는 남이 알아주지 않는 것을 노여워하지 말고 오히려 남을 알아주어야 한다는 구절이 반복해서 나온다.

다시 가슴이 따끔따끔했다. 가장 아프게 다가오는 문구였다. 속도가 절대 가치가 되어 버린 요즘 사회에서는 지키기가 쉽지 않다. 세상은 남이 알아주기를 기다리기보다 자기 홍보를 하는 방법을 가르친다. 끊임없이 나를 알리지 않고는 도태될지도 모른다는 초조함이 든다. 노력한 만큼 대가가 따르지 않을 때, 상사나 동료가 성과를 가로챘을 때, 허탈감은 이루 말할 수 없다. 분노를 참지 못해 술잔을 기울인 적도 여러 번이다.

설사 남이 알아주지 않는 것을 노여워하지 않는 경지에 이르렀다 해도 남을 알아주는 일은 더욱 쉽지 않다. 자못 실력이 출중한 후배를 섣불리 인정해 줬다가는 오히려 나를 밟고 넘어설지도 모르는 일이다. 진심으로 선배를 알아주는 것 역시 아첨으로 비치지 않을까 걱정된다. '위정(爲政)'편에는 "군자는 원만하지만 붕당을 이루지 않고, 소인은 붕당을 이루지만 원만하지 않다(君子周而不比, 小人比而不周)."고 나와 있지만 조직의 법칙은 군자의 법도와는 사뭇 거리가 먼 것이 현실이다.

군자의 도리 가운데 가장 실천하기 어려운 경지는 남이 알아주지 않을 때 남의 탓을 하지 말고 더욱 정진하라는 것이다. 군자는 이유를 남이 아니라 나에게서 찾는다는 점에서 소인과 다르다. 객관적으로 자신을 평가할 수 있으면서도 언젠가 능력이 빛을 발하는 날이 있으리라는 믿음을 가져야 한다. 그런 마음가짐을 갖더라도 한 발자국, 두 발자국 성큼성큼 앞서가는 동료를 보면 자괴감을 떨치기는 쉽지 않다.

인생의 결승선에서 승리하고 싶다. 몇 푼의 이익보다는 고고한 명예를 얻고 싶다. '진짜' 성공을 하고 싶지만 이른 나이에 성공한 이를 보면 남모를 자격지심이 생겨나는 건 어쩔 수 없다. 그나마 '헌문(憲問)'편에서 나의 늦됨을 위로받았다.

일찍이 뛰어나게 된 이를 두고 공자는 이렇게 말했다.

> 그 아이는 [윗] 자리에 앉아 있고, 그가 선배들과 나란히 걸어가는 것을 보니, 나아가려는 자가 아니라 빨리 이루고자 하는 아이입니다.
> 吾見其居於位也. 見其與先生並行也. 非求益者也. 欲速成者也.

발전은 돌로 성을 쌓듯 정성들여 나아가야 이룰 수 있는 것이다. 모래로 쉽게 성을 쌓는 것은 그저 발전을 흉내내는 것이다. 빨리빨리 무언가를 이루어야 한다고 조급했던 마음이 잠시 숨을 고르는 순간이다. 수단을 가리지 않고 직장에서 남보다 앞서 승진을 하고, 공부를 하다 고시에 먼저 붙고, 장사를 하며 남을 속이고 돈만 빨리 번다면 이는 발전이 아니다. 급히 이룬 것일 뿐이다. 승진을 한 뒤 주어진 책임을 완수할 수 있어야 하고, 고시에 붙었다면 걸맞은 능력을 보일 수 있어야 하고, 돈을 번다면 신뢰를 잃지 말아야 한다.

마흔 이후 인생의 시계는 점점 빨라진다. 그러나 공자는 조급해하지 말라고 타이른다. 마흔은 실패하고 다시 일어서기에 늦은 나이가 아니다. 성공에 목말라 쉬운 길을 선택할 나이도 아니다. 평균 기대 수명이 80세에 가까워진 것을 감안할 때, 성공은 속도가 아니라 깊이의 문제였다.

성공하라, 올바르게 성공하라

『논어』는 군자가 되어 다른 이를 성심껏 섬기며 다스리는 것이 올바른 성공이라고 정의한다. 그리고 왜 올바른 성공을 위해 정진해야 하는지를 논한다.

자신의 뜻을 펴기 위해 평생을 벼슬자리를 찾아다닌 공자가, 어지러운 세상을 등지고 청빈하게 살았던 죽림칠현(竹林七賢)이나 백이와 숙제보다 높은 경지에 올랐다고 볼 수 있을까. 이에 대한 대답은 『논어』 '미자(微子)' 편에 실려 있다.

> 걸익(은둔 현자)이 말했다. "도도하게 흐르는 물결처럼 천하는 모두 이렇게 흘러가는 법인데, 누가 그것을 바꾸겠소. 그대 또한 사람을 피해 다니는 선비를 따르는 것이 어찌 세상을 피해 다니는 선비를 따르는 것만 같겠소?" 그러고는 밭 가는 일을 그만두지 않았다. 자로는 가서 금방 있었던 일을 말씀드렸다. 선생님께서는 실망스러운 듯 말씀하셨다. "새나 짐승들과는 함께 무리를 이룰 수는 없다. 내가 이 세상 사람들과 살지 않고 누구와 더불어 산단 말인가? 천하에 도가 있으면 나는 바꾸는 일에 않을 것이다."

(桀溺)曰 "滔滔者 天下皆是也, 而誰以易之. 且而與其從辟人之士也, 豈若從
辟世之士哉."

耰而不輟, 子路行, 以告. 夫子憮然曰 "鳥獸不可與同群, 吾非斯人之徒與而
誰與? 天下有道, 丘不與易也."

공자의 제자인 자로는 은둔지사(隱遁志士)에 대해 자기 몸을 깨끗이 하려
고 충의(忠義)와 같은 세상의 윤리를 저버린 자라고 일컬었다. 공자는 적
어도 세상을 바꾸려고 노력하는 모습에 무게를 뒀다는 뜻이다. 세상에 미
약하나마 힘을 보태는 편이 홀로 고고한 편보다 낫다는 것이다. 『논어』가
아직까지 널리 읽히는 것을 보면 공자의 말이 공감을 얻고 있는 것 같다.
비단 나뿐만이 아니다. 왜 성공을 해야 하는지에 답을 알지 못한 채 무작
정 성공을 좇는 사람들이 수두룩하다. 정의로운 변론보다는 수임료에만
관심이 있는 변호사, 검증되지 않은 최신 의료기기를 들여놓고 과도한 진
료를 권하며 돈을 버는 의사, 오직 성적만을 위해 금지 약물을 복용하는
운동선수 등……. 성공의 의미를 모른 채 단지 성공을 향해 달려간다.
공자는 올바른 성공이 중요하다고 말한다. 세상에서 도피하지 말라는 건
단지 은둔하지 말라는 뜻이 아니다. 자신의 성공이 사회의 성공의 되도록
정진하란 뜻이다. 개인의 영달을 위해서만 능력을 쓰는 것은 성공이 아
니다. 다른 사람을 돕고, 사회에 보탬이 될 때 진짜 성공이다. 왜 성공해야
하느냐는 질문은 다시 받는다면, 올바른 성공을 통해 나를 성장시키고 사
회를 발전시키는 것이 도리이기 때문이라고 대답하리라.

생각은 두 번만 해도 족하다

왜 성공해야 하는지 미흡하나마 답을 얻었다. 그래도 실패에 대한 두려움은 여전하다. 괜히 실패를 하느니 아무것도 하지 않는 것이 나은 게 아닐까. 점점 실패가 더 두려워진다. 그래서 안전한 목표를 추구하게 된다. 마흔으로 가는 길목에서 수십 번 계산기를 두드려 산 집이 폭락했다. 친구가 고심 끝에 고른 잘나가던 기업은 부도가 났다. 제법 잘 어울리는 부부였는데 이혼을 했다는 소식도 들려왔다. 마음대로 되지 않는 게 인생이라는 것을 깨달으면서 아주 작은 결단도 어려워진다. 생활을 꾸리는 소소한 일에도 변수가 많은데, 큰 뜻을 펼치는 것은 오죽하겠느냐 싶다.

> 계문자는 세 번 생각한 다음에 행동했다. 공자께서 이 말을 듣고 말씀하셨다. "두 번이면 곧 괜찮다."
> 季文子三思而後行. 子聞之, 曰 "再斯可矣."

오래 고민을 하다가 때를 놓쳐도 안 된다. 그렇다고 성급하게 일을 진행해도 안 된다. 생각은 두 번이면 충분하다. 돌이켜 보면 바로 결단을 하든 장고(長考)를 하든 결과가 치명적으로 뒤바뀐 경우는 없었다. 오히려 선택지를 두고 갈등하다 아무것도 시작조차 하지 못해 후회를 한 적이 더 많다. 마흔은 결단하는 법을 익혀야 할 시기다. 작은 변화에도 쉽게 휩쓸리는 시류에 따른 결정이 아니라 올바른 신념에 토대를 둔 결정이라면 생각은 두 번이면 충분한 것이다.

결과가 성공일 수도, 실패일 수도 있다. 실패에 대한 두려움에 대해서 공자는 "나는 세상에 등용되지 못했기 때문에 능력이 많아진 것"이라는 말로 대신했다. 능력을 지녔지만 세상이 알아주지 못했더라도 참담한 실패가 아니다. 공자는 경험을 통해 자신의 능력이 늘어났으므로 한편으로는 성공이라고 평했다. 그리곤 "싹은 났지만 꽃이 피지 않는 것이 있고, 꽃은 피었지만 열매를 맺지 못하는 것도 있다(苗而不秀者有矣夫, 秀而不實者有矣夫)."고 말했다. 나이 마흔에 볼품없고 작은 꽃이 핀다 해도 열매는 튼실하고 크게 맺을 수도 있다. 화려하고 큼지막하게 꽃을 피우는 데 성공했지만, 열매를 맺지 못하고 끝날 수도 있다.

마흔이 다가왔다고 조급해하지 않아야겠다. 남이 알아주지 않음을 한탄하지 않고 실력을 다져야겠다. 대신 남을 알아보고자 노력해야겠다. 그리고 마침내 기회가 왔을 때는 과감히 결단을 내리고 싶다. 올바른 성공을 위해 쉼 없이 배우겠다는 결론에 이르자 『논어』의 첫 구절로 다시 눈길이 간다.

> 배우고 때때로 익히면 또한 즐겁지 아니한가? 친한 벗이 먼 곳에서 찾아오면 또한 즐겁지 아니한가? 남이 알아주지 않아도 성내지 않는다면 그 또한 군자가 아닌가?

마흔 이후가 생각보다 즐거워질지 모르겠다. 때를 기다리며 즐거운 배움을 이어갈 테니까. 여전히 게으르고, 속된 가치에 현혹되고, 성격 급한 마흔에게는 공자님 말씀이 상처에 뿌린 소금 같을 테지만 말이다. 오십이

...

마흔이 다가왔다고 조급해하지 않아야겠다.
남이 알아주지 않음을 한탄하지 않고
실력을 다져야겠다.
대신 남을 알아보고자 노력해야겠다.
그리고 마침내 기회가 왔을 때는
과감히 결단을 내리고 싶다.

되면 논어를 다시 펴볼 생각이다. 논어를 읽으며 조금은 덜 따끔거리고, 덜 아프다면 잘 살았다는 위안을 얻을 수 있을 것이다.

작품 『논어論語』
저자 공자(孔子, BC 551~BC 479)
고전 판본 김원중 번역, 글항아리

2500년을 내려오는 동양의 대표적 고전. 공자와 그 제자들이 세상사는 이치나 교육·문화·정치 등에 관해 논의한 이야기들을 모은 책. 그래서 책의 제목이 『논어』이다. 『논어』는 공자가 아닌 그의 제자들이 재구성한 것이기 때문에 여러 가지 판본이 전해진다. 국내에는 이미 200여 편이 넘는 해설서가 출간됐다.

다산 정약용 선생은 생전에 『논어』를 700번 읽고 실학자 이덕무 선생은 2,000번 읽었다고 전해질 정도로 많은 사랑을 받고 있다. 작가는 중국 산둥성 태생으로 정상적인 혼인을 통해 태어나지 않은 것으로 알려진다. 이름은 구(丘)이고 자(字)는 중니(仲尼)이다. 키가 9척으로 몸집이 컸고, 별명은 꺽다리였다. 세 살 때 아버지를, 열일곱 살에 어머니를 여의었고, 열아홉 살 때 비슷한 처지의 여성과 혼인했다. 노나라에서 대사구(大司寇·형조판서) 벼슬까지 지냈다. 하지만 곧은 정치적 이상을 펼칠 환경이 안 돼, 14년간 여러 나라를 돌아다녀야 했다. 68세에 노나라로 돌아왔다. 다른 사람을 자신과 같이 사랑하라는 의미를 담은 '인(仁)'을 강조했다. 제자 양성을 직업으로 삼았다는 점에서 교사의 시조로 꼽힌다. 예(禮·예법), 악(樂·음악), 사(射·활쏘기), 어(御·마차술), 서(書·서예), 수(數·수학) 등 6예에 능통해 30대부터 훌륭한 스승으로 이름을 알렸다. 제자 중에 6예를 통달한 이가 72명, 제자라고 칭하는 이만 3,000명에 달했다고 전해진다.

고전에게
미래를
묻다